Em Mülheim, na região do Ruhr, no tempo despido de toda moral da Primeira Guerra Mundial, contava-se uma história que acontecera com quatro homens e acabara no declínio total dos quatro, em meio a assassinatos. Perjúrio e decadência mostravam os rastros sangrentos de uma nova moral. No terceiro ano de guerra, durante um ataque em Verdun, quatro homens sumiram de um tanque e foram tidos como mortos. No início de 1918, em completa clandestinidade, apareceram em Mülheim, onde um deles tinha um quarto num porão. Desde então, sob a constante ameaça de prisão e morte por deserção, eles tiveram muita dificuldade para conseguir comida, mais ainda por serem quatro. Mesmo assim, decidiram não se separar em nenhuma hipótese, já que a única esperança residia numa revolução coletiva do povo para pôr fim à guerra sem sentido, motivo pelo qual a deserção seria perdoada. Os quatro pensavam poder tomar parte da tão desejada revolução. Durante duas semanas, noite após noite, procuraram um jeito de arrumar comida, e só no final da segunda semana o mais engenhoso dos quatro, Johann Fatzer, o mesmo que lhes aconselhara a deserção e que os conduzira até a casa deles ou perto dela (suas cidades eram Liegnitz, Passau e Berlim), conheceu um soldado camarada que prometera conseguir alimento suficiente em um vagão de víveres. Na noite seguinte, liderados por Fatzer, os quatro deveriam aparecer na estação do entreposto. Mas, apesar desse plano, a ação, da qual tudo dependia, revelou-se um fracasso, porque Fatzer se envolveu numa briga com açougueiros no lugar combinado, sendo derrotado diante dos olhos dos amigos. O autocontrole dos três evitou que todos fossem presos: fingiram não conhecer Fatzer.

BERTOLT BRECHT

 CAPA Vadim Sidur, *Auto-retrato*, 1982 VERSO DA CAPA desenho de Gilles Aillaud PROJETO GRÁFICO E CAPA Raul Loureiro PESQUISA DE IMAGENS Christine Röhrig Raul Loureiro PREPARAÇÃO E REVISÃO Nelson Luís Barbosa TRADUÇÃO E INDICAÇÃO EDITORIAL Christine Röhrig EDITORAÇÃO ELETRÔNICA Simone Rebelo. A editora agradece aos detentores dos direitos de imagem por autorizarem as reproduções aqui contidas. Àqueles que não foram localizados, asseguramos que todos os esforços foram envidados nesse sentido. AGRADECIMENTOS: Márcio Meirelles, Peter Anders (Instituto Goethe – Salvador, BA), Wolfgang Storch.

Catalogação na Fonte do Departamento Nacional do Livro
Fundação Biblioteca Nacional

Brecht, Bertolt [1898–1956]
Bertolt Brecht: *O declínio do egoísta Johann Fatzer*
Título original: *Der Untergang des Egoisten Johann Fatzer*
Organização: Heiner Müller [1929–1995]
Tradução: Christine Röhrig
São Paulo: Cosac & Naify, 2002
256 p., 104 ilustrações
ISBN 85-7503-117-1 CDD 832

1. Literatura em língua germânica. 2. Teatro alemão 3. Bertolt Brecht

Rua General Jardim 770 2º andar 01223-010 São Paulo SP TEL: 11 3218.1444 FAX: 11 3257.8164
info@cosacnaify.com.br Atendimento ao professor: 11 3218.1466

O declínio do egoísta Johann Fatzer

BERTOLT BRECHT [Organização Heiner Müller]

BERTOLT BRECHT [Organização Heiner Müller]

O declínio do egoísta Johann Fatzer

Prefácio Heiner Müller

Tradução Christine Röhrig | Cosac & Naify

Apresentação

Bertolt Brecht trabalhou no manuscrito de *Fatzer* entre 1927 e 1931, mas nunca chegou a concluí-lo. A peça também nunca foi por ele encenada e somente uma pequena parte [cerca de 15 páginas] foi publicada na Alemanha em 1931, enquanto ainda era vivo, num caderno berlinense de ensaios, já com o título *O declínio do egoísta Johann Fatzer*.*

Brecht dedicou-se ao *Fatzer* numa época em que não só tinha muitos planos, como também experimentava diferentes possibilidades no teatro épico. Nessa fase, que pode ser considerada uma das mais abertas à experimentação da vida do autor alemão, surgiram o musical *Mahagonny* [1927], a peça *Joe Fleischhacker*, que também permaneceu fragmentária [1927-1929], *A padaria* [1929], as peças didáticas: *O vôo sobre o oceano* [1929], *A peça de Baden-Baden sobre o acordo* [1929], *Aquele que diz sim, aquele que diz não* [1929-1930] e a *A Santa Joana dos Matadouros* [1929-1931].

Em cartas à sua companheira, a atriz Helene Weigel, Brecht escreve sobre o *Fatzer*: "Estou trabalhando muito devagar no *Fatzer*, mas vou indo bem. Além disso, quando não tenho o que fazer, escrevo sonetos pornográficos. Deverei estar aí no seu último ensaio se não mergulhar totalmente no *Fatzer* [1927]". Em outubro de 1928, diz ele: "Esse Fatzer é osso duro de roer. Continuo trabalhando na

* N. T. Fragmento publicado in *Teatro Completo de Bertolt Brecht*, Editora Paz e Terra, São Paulo, 1995.

estrutura da peça". E em novembro: "Preciso de mais 14 dias. Depois disso, espero ter em mãos uma primeira versão do *Fatzer*, um *Ur Fatzer*. Você vai gostar do papel feminino". Em 1929, uma anotação em seu diário revela: "Impossível encenar o *Fatzer*".

O texto desta edição reproduz a configuração e a ordem que o dramaturgo Heiner Müller deu aos fragmentos do original de Brecht. Trata-se de material trazido ao Brasil, em maio de 2001, pelo dramaturgo Peter Palitzsch, que veio a Salvador a convite do Instituto Goethe para trabalhar na encenação *Material Fatzer*, a qual foi então dirigida por Márcio Meirelles.

Palitzsch conheceu Brecht em Berlim, quando tinha 20 anos de idade, e foi convidado pelo autor para trabalhar na montagem de uma de suas peças. Curiosamente, tal como o próprio Fatzer na Primeira Guerra, Palitzsch desertou da Segunda Guerra Mundial e conseguiu sobreviver escondendo-se em porões. Passou fome. Viveu na clandestinidade, correndo o enorme risco de ser delatado. Mais tarde, junto com Brecht, fundou o Berliner Ensamble — é de Palitzsch o desenho do símbolo do teatro —, tornando-se seu diretor. Sua encenação de *A resistível ascensão de Arturo Ui* obteve tamanho sucesso na antiga República Democrática Alemã — RDA, que foi convidado para encená-la em Hamburgo. Aceitou o convite, e novamente desertou, abandonando tudo que tinha na RDA. Morou em Hamburgo, na antiga Alemanha Ocidental, até a queda do muro de Berlim.

A tradução do texto para o português contou com a preciosa colaboração de Márcio Meirelles e do elenco do Teatro Vila Velha, de Salvador, bem como do ator alemão Roland Albrecht, os quais, durante os ensaios, trabalharam exaustivamente comigo na lapidação do texto bruto. Peter Palitzsch contribuiu muito, explicando e esclarecendo certas passagens e chamando a atenção para a linguagem e os estranhos cortes que Brecht fez nas falas. Além de dar importantes depoimentos sobre sua convivência com o autor, relatou aspectos de sua vida como desertor e, depois, diretor de teatro na Alemanha. A pesquisa de imagens para esta edição foi muito facilitada pelo empenho pessoal do editor e dramaturgo alemão Wolfgang Storch, que disparou e-mails pelo mundo para conseguir as imagens das diversas encenações, e forneceu rico material de suas próprias pesquisas para publicações de programas e livros sobre *Fatzer*.

O declínio do egoísta Johann Fatzer é hoje considerada uma das mais significativas contribuições de Brecht ao teatro e, apesar de ter afirmado ser impossível encenar *Fatzer*, ele mesmo declarou sobre a representação de fragmentos: "Podemos perguntar se esboços inacabados podem ser encenados como uma peça completa. Pode-se responder que a grande importância do complexo formado pelo *Fausto* justifica, por si só, a encenação do fragmento original, embora ainda haja uma outra justificativa. O *Urfaust* [*Fausto Zero*] tem vida própria. Assim como *Robert Guiskard* de Kleist e *Woyzeck* de Büchner, ele pertence ao gênero peculiar dos fragmentos que não são obras incompletas, mas sim obras-primas em uma prodigiosa forma inacabada". Parafraseando, pois, Brecht, sem medo de errar, é possível afirmar que a peça *O declínio do egoísta Johann Fatzer* também é uma obra-prima em prodigiosa forma inacabada.

Christine Röhrig

G.A. 1.3.88

Prefácio

Heiner Müller

No primeiro caderno dos *Ensaios* de Brecht existe um texto extraído de um fragmento de *Fatzer*. Nos anos 50, eu o li, e desde então Fatzer foi para mim objeto de inveja. É um texto do século, pela qualidade da linguagem e pela poesia. Essa qualidade tem a ver com o choque do contato com a cidade grande. Quando Brecht veio para Berlim, vivia numa mansarda, com um mapa da cidade pregado na parede. E espetava bandeirinhas nos lugares onde se formavam células comunistas à espera da Revolução...

Em 1932, ele interrompeu o trabalho no *Fatzer*. Foi um dos poucos que, enquanto durou o período seguinte, o do nacional-socialismo, nunca alimentaram nenhuma ilusão. A maioria dos intelectuais de esquerda pensava que só duraria alguns meses, que Hitler era um idiota, que seria passageiro. Mais tarde Brecht formularia essa questão da seguinte maneira: "enquanto a bandeira vermelha ainda trazia a inscrição 'nós venceremos' eu já tinha depositado meu dinheiro na Suíça". A associação que fez entre *Fatzer* e o assassinato de Liebknecht e de Rosa Luxemburg é bastante clara. Sabia que era uma decapitação, a decapitação do Partido Comunista Alemão, a sua entrega a Lenin. Um olhar para o início do século. Antes de ser fuzilado pelos camaradas, Fatzer diz: "E de agora em diante e por muito tempo/ Não haverá mais vencedor/No mundo de vocês, mas só/Vencidos".

No Arquivo-Brecht há cerca de quatrocentas páginas, material difuso, às vezes uma folha de papel tem apenas uma linha, em outras, a página está toda escrita, novos começos para versões diferentes.

Espalhei as quatrocentas páginas na sala onde trabalhava, andei entre elas e procurei juntar as que combinavam entre si. Também fui estabelecendo relações arbitrárias, as quais Brecht não podia ter pensado, como um quebra-cabeça. O "egoísta" Fatzer, que em princípio era muito claramente uma figura de identificação para Brecht, foi perdendo importância de uma versão para outra. Depois Koch passou a ser o protagonista. Na última versão, da qual só há um pequeno trecho, Koch torna-se Keuner; Keuner como Lenin, o pragmático, o que tenta o possível. Fatzer é um complemento de Koch e vice-versa. Koch, o terrorista, Fatzer, o anarquista, Koch/ Keuner, a ligação da disciplina e do terror. Para mim também era uma peça sobre as Brigadas Vermelhas, numa tradição muito alemã, que vem dos nibelungos até as peças *Os ladrões* (de Schiller), *Fausto* (de Goethe), *A morte de Danton* (de Büchner) e *Gotland* (de Grabble). Dramas da divisão da Alemanha, Franz e Karl Moor, Fausto e Mefistófeles, Danton e Robespierre, Gotland e o negro Berdoa. A aspiração de Danton à felicidade e o sacrifício dessa aspiração em nome de um futuro pensado, em nome de um programa. Nesse aspecto, a Revolução de Outubro nunca conseguiu ultrapassar os limites da Revolução Francesa; não deu nenhum passo à frente, resultando antes num passo atrás. A Revolução Francesa ainda tem de acontecer outra vez na Rússia, em um novo contexto.

Langhoff e Karge queriam encenar *O príncipe de Homburg* em Hamburgo e perguntaram-me se eu queria trabalhar o *Fatzer* para eles, como um complemento daquela peça. Naquela altura, o meu ponto de ligação eram as Brigadas Vermelhas. A parte final pode ser lida como um comentário à história das Brigadas, a relação do coletivo, da disciplina, com os dissidentes. Na história das Brigadas, eram constantes as situações em que se executava um dissidente. Faz parte do trágico de grupos militantes não-alinhados que a violência se volte para dentro. Essa era também a relação com *O príncipe de Homburg*. Provavelmente, a montagem não deu resultado, porque os encenadores tinham idéias demais. Não era fácil e nenhum crítico entendeu a relação, o que para mim foi um mistério, pois o final estava muito claro. Representava Mogadíscio, mas ninguém percebeu. Todos escreveram que seria melhor se *Fatzer* tivesse ficado na gaveta. A única coisa sensacional em toda a história foi que Wolfgang Storch havia feito um programa para o espetáculo com textos das Brigadas Vermelhas, o qual teve de ser destruído por indicação do diretor do teatro, Ivan Nagel. Naquele tempo, as Brigadas não eram só para mim o material mais interessante do lado ocidental. A possibilidade de uma renascença do fascismo na Alemanha Federal já tinha sido o "pato selvagem" para Brecht. Dessa maneira dava para agüentar a República Democrática Alemã. A reação exagerada do aparelho de Estado da Alemanha Ocidental à luta armada de uma minoria em vias de desaparecimento alimentava esse medo/essa esperança. Isso fazia parte da Guerra Fria. O fogo ateado a um grande armazém foi paradigmático, a tentativa de dar às pessoas, por meio de uma metáfora concreta, perceptível, a sensação do que significava a guerra do Vietnã. O discurso final de Koch: "Não sejam altivos, irmãos/Mas humildes e matem/Não altivamente mas: desumanamente!". Essa ligação entre humildade e o ato de matar é o ponto central do texto *Fatzer* e está também na base da ideologia das Brigadas Vermelhas. Pessoas que têm de se forçar a si próprias para matar. Também é disso que se trata em *Mauser* e em *A decisão*. Na verdade a violência política

caiu em descrédito pelo fato de o Estado ter tomado nas mãos a matança e de tê-la burocratizado por meio do monopólio estatal da violência. Vivemos numa civilização da representação. A civilização cristã é a civilização da representação, do delegar, do um por todos; por todos os outros apenas um está pendurado na cruz.

Num livro do polonês Richard Kapuściński, sobre a Etiópia, aparece uma citação tirada do discurso de um chefe guerrilheiro antes de uma batalha decisiva, que reza pela primeira vez ao deus dos cristãos: "Mas desta vez não mande seu filho. Venha pessoalmente!". Esse é, a meu ver, um corte essencial entre a civilização cristã da Europa e outras civilizações. Há uma história de ficção científica que serve de comentário para isso. Ela se passa num planeta onde a população funciona de maneira absolutamente lógica. Há uma estação de comércio, fábricas que trabalham com precisão, pelo menos do ponto de vista do engenheiro chefe, que é de Ohio. Um dia chega um missionário a bordo de uma nave vinda da Terra. O engenheiro logo percebe que aquilo será uma catástrofe. Procura empurrar o missionário outra vez para dentro da nave, dá-lhe uma surra que o manda para o hospital. O engenheiro é castigado com rebaixamento salarial. O missionário se recupera e passa a "missionar". Passa a pregar o Evangelho entre a população nativa, que decora os ensinamentos, constrói uma igreja e ergue uma cruz no alto de sua torre. A seguir, acontece aquilo que o engenheiro tanto receava. De repente, ele ouve uma gritaria, corre até a igreja e vê os lógicos cristãos pregarem o missionário na cruz, para que possa ressuscitar e subir ao céu. A essência da questão é que se consiga pensar o "matar". Quando achamos necessário, não temos o direito de não sermos nós a fazê-lo: delegá-lo a outros seria imoral.

Um exemplo anedótico é tirado da guerra russo-polonesa, que aparece em *Cimento*, de Isaak Babel. Depois de uma batalha perdida, a tropa é obrigada a regressar e os soldados feridos do Exército Vermelho pedem ao comissário do regimento: "Mate-nos!". Eles sabiam que os ulanos poloneses tinham o costume de arrancar, com uma lança, as tripas dos inimigos feridos. O comissário não é capaz de matá-los e os feridos insultam-no, chamando-o de intelectual sujo por ser incapaz de matar. A tese de Carl Schmitt, em *Teoria do guerrilheiro*, é a de que a revolução faz surgir a imagem do inimigo total. Os católicos não falam dos fundamentalistas religiosos. Com os programas de total correção do mundo, surge a figura do inimigo total. Quem aceitar a exploração como fenômeno essencial do vivente não precisa da figura do inimigo total.

Para Carl Schmidt, a guerra, até a Revolução Francesa – é claro que isso tem a ver com o desenvolvimento do armamento tecnológico –, tem um caráter de duelo. Era uma guerra de exércitos. Com a guerra civil, esse caráter de duelo se desdobra, faz acentuar a diferença entre civis e soldados. Isto é, sem a idéia de revolução não há bombardeamento de Coventry, Varsóvia, Dresden, nem guerra de guerrilha. A guerra atômica, finalmente, tem como pressuposto a figura do inimigo total, obriga ao fundamentalismo. A nossa civilização é a da representação. E representação pressupõe seleção, Auschwitz e Hiroshima são o produto final do pensamento seletivo.

O fogo ateado no armazém foi uma tentativa desesperada de provocar a sociedade da representação, de delegar sofrimento e de transferir a guerra do Vietnã para o supermercado.

Pensar é um perigo mortal. Há uma diferença entre pensar e ser, entre pensar e viver. É esse o paradoxo da existência humana.

Flaubert disse que o individualismo é a barbárie. A conseqüência é o pensamento de Foucault, o humanismo é a barbárie, porque humanismo também significa seleção, exclusão. A humanidade estabelece para si um objetivo, o caminho para a meta exige controle, organização, disciplina, seleção. Quando se trata da emancipação da humanidade, o inimigo é inimigo da humanidade, por isso não é humano. Essa é a questão essencial. Mas como podemos desviar do estabelecimento de objetivos? Esse é um pensamento com o qual crescemos. Como é que aprendemos a nos conformar e a aceitar as coisas como são, a regulá-las só mais ou menos? Mas nas expressões "regular" e "mais ou menos" já se encontra, outra vez, o problema. Sempre "dá" somente "mais ou menos", nada bate. É essa a provocação do apocalipse, da revelação de João. A questão põe-se aí pela primeira vez e é depois relegada para o Juízo Final.

Acredito que a arte seja um ataque a esse paradoxo; no mínimo uma provocação que remete a esse paradoxo. Essa é uma função da arte, possivelmente associal ou no mínimo antissocial, mas uma função moral da arte. Moral não é social, não podem equiparar-se. Considero a indignação moral a propósito do terrorismo irrelevante e hipócrita, por isso me parece tão importante a palavra "humilde" no centro da fala de Fatzer: "Matar, com humildade". É essa a chama teológica do terrorismo. Não há solução, esse é o paradoxo humano. Mas na arte não se pode escapar dele por meio da moral; de qualquer modo, não no sentido da moral social estabelecida. Talvez a arte também seja uma tentativa de animalização, na perspectiva do livro de Deleuze e Guattari sobre Kafka. Receio que tenhamos de deixar isso assim, no escuro.

* Em alguns fragmentos, Brecht mudou o nome dos personagens principais. A correspondência entre eles tem variado conforme a interpretação de cada encenador.

PERSONAGENS

Fatzer
Koch / Schmitt* / Keuner*
Büsching / Mellermann* / Frühhaupt*
Kaumann / Nauke*
Coro
Sra. Kaumann / Therese / Therese Kaumann
Mulher
Um soldado
Açougueiro
Quatro mulheres / Mulheres
Um homem
O outro
Açougueiros
Um açougueiro
A mulher / Mulher
A outra
Coro de oposição
O que espera
Trabalhador
O homem / Homem
Soldado
Primeiro soldado
Segundo soldado
Menina

Ato I

Documento Fatzer 1

PROJEÇÃO — EXPOSIÇÃO DO ARMAMENTO BÉLICO

CORO Sabeis ainda
Na segunda década deste século
Houve uma guerra entre todos os povos
Que se enterraram
E seus navios inafundáveis
Afundando
De um mar a outro
E vivendo quatro anos debaixo da terra
Em buracos de cimento
Bombardeando uns aos outros com cinqüenta
[mil quilos de minério
Comendo o capim e a carne de seus cavalos
Sobre máquinas metálicas nova invenção voando pelo ar
Uns contra os outros, também rolando em carroças de ferro
Uns contra os outros, guerra que durou quatro anos e
Ainda durante as nossas vidas
Foi vista como crime
E escarrou uma estirpe
Leprosa
Que durou pouco e
Foi a pique arrastando consigo o mundo
Envelhecido.

Execução da Primeira Guerra Mundial por Johann Fatzer 1

[*Vozes*]

KOCH [*grita*] Quem de vocês é meu amigo e me enterra
No chão? Para que nada mais me
Atinja, mas não tem mais lugar, onde eu
Possa rastejar, porque os tiros alcançam
Lá embaixo da terra.

BÜSCHING [*grita também*] Tudo, que está aí,
Tem de ser aniquilado, se tem uma cidade em pé
Tem de ser aniquilada e não pode sobrar pedra sobre pedra,
Onde estava deve restar um buraco e
Precisamos atirar no mar.

KOCH Nossa mãe é um tanque, de onde
Atiramos, quando cai num buraco
Ninguém pergunta por nós, estamos
Perdidos. Estamos
Aniquilados. Vão nos pegar. Por que
Nascemos hoje, quando
O ar estava carregado de ferro e veneno.

BÜSCHING Como você pode comer a sua ração, se
Ali ainda tem uma árvore, que está pela metade
Ela também tem que ser derrubada.

KOCH Não atirem mais. O homem não pode
Nadar, no mar.
E abater o nadador e ainda os
Seus navios de combate. O homem não pode
Voar por si no ar, mas a morte
Ele tem de erguer consigo. Não tem para onde fugir.
Em toda parte
Tem um homem!

BÜSCHING O homem é o inimigo e tem de
Ser aniquilado.

Documento Fatzer 2

PROJEÇÃO — IMAGENS DAS CONSEQÜÊNCIAS DA GUERRA

[Friedrich: Guerra à Guerra]

CORO — CONSELHO DE GUERRA Por isso temos que
Agüentar esse terceiro ano de guerra
Que dura mais do que o previsto
Dividir de novo o país
E com novas medidas, mais enérgicas, esticar
Os víveres para que
Durem mais tempo e baixar a cota
Por cabeça para cem gramas de carne por dia
Também a farinha, sapatos e roupas para que
Nós
Com nossa força, última fração,

Agüentemos a maior guerra do mundo
De um povo contra trinta
E melhoremos a situação do nosso povo perante todos os outros
No final.

Para isso é necessário saber
Como o povo inferior, a grande massa
Se comporta na guerra.

Teimoso e paciente ainda
Homem algum escapou de nenhuma cova, mas
Isso só vai durar até que um escape.

Esse país, habitado só por mulheres
Mas em suas fronteiras por
Homens enterrados.

Seus homens
Dobram o número dos que comem
No país inimigo.

Frio e doença surgida do frio
Fome mordendo de frio
Corpos doentes.

Eles agüentam.

Execução da Primeira Guerra Mundial por Johann Fatzer 2

[1]

Madrugada em terreno bombardeado. De um vale afunilado surge um tanque. De dentro dele, uma voz

VOZ Ôoh! [*Um soldado desembarca*]
Tem alguém aí?
É como depois do dilúvio.

VOZ [*de dentro*] O que é isso!

FATZER Nada, venha para fora.

VOZ [*de dentro*] O que foi que ele disse?

FATZER Aqui não tem nada.
[*Três soldados descem do tanque*]
Pode sair, aqui
Não tem ninguém.

MELLERMANN Nada.
Como depois do dilúvio.

NAUKE Nenhum fogo? Não tem ferro no ar? Erramos
A rota. Alegrem-se,
Lugar errado.

SCHMITT Vamos entrar de novo.

NAUKE Por quê?

SCHMITT Vão sair atirando na gente.

FATZER Os que estavam aqui
Morreram todos e não
Atiram mais. Com nossas armas
Chegamos tarde. É bom
Sentar aqui.

[*Senta-se debaixo de uma árvore pela metade*]

Olhem aqui, quero tirar a sorte e ver
Com essa pedra clara e essa escura
Se ainda vou escapar desse inferno
Se der branco, escapo
Se der preto, não.

[*Joga a sorte*]

MELLERMANN Preto.
[*Todos, exceto Fatzer, riem alto*]

FATZER Agora que sei que morro logo
Também quero saber se vocês vão viver
Joguem também.

Indifferenz keine Projektion
RECHTER WINKEL

SCHMITT Eu não jogo, Fatzer, esses dados
São piores do que fogo cerrado.

FATZER Covardes.

MELLERMANN Está bem, vou jogar.
[*Joga*]
Preto.
[*Fatzer ri*]

MELLERMANN [*para Nauke*] Tá esperando o quê?
[*Nauke joga*]

MELLERMANN Preto.
[*Para Schmitt*]
Por que esse olhar esbugalhado, talvez
Você seja eterno.

FATZER Jogue, animal.

SCHMITT [*joga, mas fica com a mão fechada por longo tempo*]
Antes
Quando você estava jogando, Mellermann,
Dei uma baforada na concha da mão
E senti que meu hálito
Fedia a podre, aí
Eu falei para mim mesmo: vou morrer logo.
[*Mostra a pedra para os outros sem prestar atenção nela*]

FATZER [*ri alto*] Preto.
Todos pretos, agora podemos voltar
A ser amigos. Passe para cá
Seu fumo, Mellermann. Vou fumar
Esse que te resta, porque
Somos amigos de novo, porque agora
Está determinado que logo
Não fumaremos mais nem veremos
Uma árvore partida dessas.
Eu não
Faço mais guerra, eu vou
Agora direto para casa, estou cagando
Para a ordem do mundo. Estou
Perdido.

[2]

[*Koch tomba*]

KOCH Sabe, Fatzer, não consigo
Mais agüentar a guerra.

BÜSCHING As pernas dele não dão mais.
Levanta, Koch.

FATZER Por que você não deixou
Ele deitado lá dentro?

BÜSCHING Para ele tomar ar, um

Homem não é cachorro, levanta
Koch, cachorro!

FATZER Dê cachaça a ele.

BÜSCHING Está proibido, porque é
A ração derradeira.

FATZER Dê a ele!
Que dia é hoje?

KOCH Quarta.

FATZER Tá aí, então é uma quarta-feira, em que
Temos o suficiente.

BÜSCHING Entrem aí e continuem andando!
Como é que você devora carniça, Koch?
Meio quilo de merda como se fosse nada
Enquanto ainda resta uma árvore partida de pé!
Tudo tem de ser aniquilado
Para ficar vazio.

FATZER Se você não calar a boca
O lugar, em que você está,
Logo estará vazio.

BÜSCHING Caralho.

826/29 keuner ~~[illegible]~~ schema

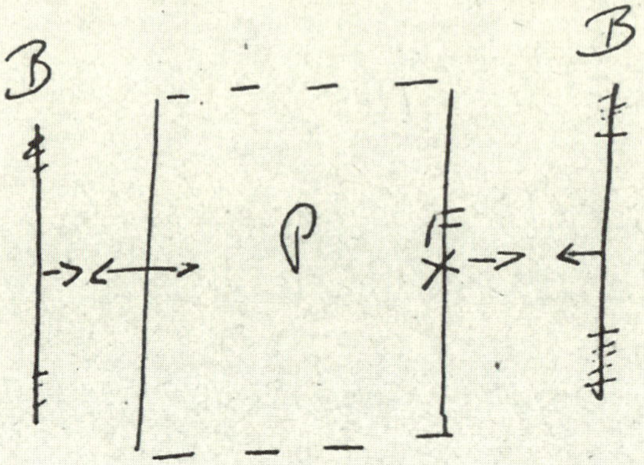

denn die beiden
großen linien sind
soldaten und gehorchende und
gehören zusammen, verbinde gleich
beide oben und unten und
schreibe ein P in die mitte des vierecks das
bedeutet das proletariat der welt.

FATZER Isso todo homem tem
E agora
Peguem seus crânios
Nas mãos
E atenção:
Há quatro anos deitados
Na lama dos campos de tiro e das trincheiras escapando
Dos projéteis, sempre procurando
Cobertura – pensando há
Dois anos sobre a minha situação e utilidade, procuro
Um jeito de mostrar a mim mesmo o que se passa comigo.
Mas desde ontem eu me lembro
De um pequeno desenho, que eu vi
Num livro
Um assim
Eu quero mostrar para vocês.
O ponto significa
Fatzer.

BÜSCHING / KOCH / KAUMANN Não queremos aprender nada.

FATZER Quem é que quer aqui?
Vocês não querem aprender nada, mas eu digo a vocês
É um outro que não quer que vocês
Aprendam.
Porque essa guerra
É contra nós, com o nosso braço
Nossa pessoa é combatida

4. (M.G.) Kompanie

Inf.-Regt. Görlitz.

Komp.-Trupp

I. Zug

I. Zug

II. (B.) Zug

Gef.-Troß

Görlitz, den 4. April 1935.

E mal
Escolhidos são os inimigos, as
Posições inimigas ocupam
Os pelotões errados
Amigo e inimigo num só pelotão
No outro, amigo e inimigo.
E todos lutam
Acostumados a agir conforme um plano
Que não conhecem, estão tão dispostos
A ser escalados quanto as
Mulheres a ser comidas, os que
Alimentam a máquina de moer, não querem nada
Além de operar a alavanca
E assim avança
A massa ordenada da humanidade
Por falsos objetivos
E assim
Se abusa da nova
Arte e do prazer em manter o ritmo.
O ponto representa
Fatzer
Este sou eu e aqui, contra mim,
Uma linha sem fim,
Soldados como eu, mas meus inimigos
Mas aqui vejo
De repente uma outra
Linha atrás de mim, que também
Está contra mim. O que é isso? Esses são

Os que nos mandam para cá, a
Burguesia.
Finalmente depois de anos
Vejo o inimigo
Mas não
Nos diz respeito o que aqui
Se resolve de maneira tão sangrenta
Fogo e água combatem de um
Lado, do outro fogo e água
Se acaso olhassem para trás, do
Cerco sangrento, veriam
Cada qual atrás de si
O inimigo e assim olhei
Depois de quatro anos de guerra de ódio cego
De repente atrás de mim e vi tudo
De repente. Quer dizer
Na minha frente, contra quem eu lutava: meu irmão
Atrás de mim e atrás dele: nosso inimigo
E agora fumo debaixo dessa meia árvore
Todo o nosso fumo
Eu
Não faço mais guerra
Foi bom ter
Chegado até aqui, até um
Ponto do mundo, onde eu
Pude refletir por três minutos
Agora
Podemos ir embora.

BÜSCHING Você vai ser fuzilado. Schmitt
Vai fuzilar você.

FATZER Eu não acredito mais
Em Schmitt.

KAUMANN E o que vai ser dessa
Geringonça?

FATZER Pode ficar aí até
O ano novo e falar para
A próxima bomba quando
Passar: cagaram
Dentro de mim! E
Isso deve estar escrito do lado de fora.
[*Escreve*]
Merda!
E agora em frente!

KOCH Em frente para onde?
À direita está tudo vermelho
E nas costas também está tudo queimando
E na frente está tudo quieto
O que é pior.

FATZER Esquerda! Seus filhos da puta!
E se alguém topar com a gente
A gente acaba com ele.

LEBENDEN DEM TOTEN. ERINNERUNG AN DEN 15 JANUA

KOCH À esquerda está mais calmo.

BÜSCHING Esse tanque nos pariu
Uma segunda vez.

FATZER Sequem suas garrafas
Em que está escrito execução
Para que não reste mais nada, porque se não
Vocês vão continuar.

Documento Fatzer 3

PROJEÇÃO — LIEBKNECHT LUXEMBURG MEINHOF

CORO Assim os melhores abandonam, em algum
Ponto da superfície terrestre
Surgiu uma idéia, imediatamente
A posição e nada
Os detém, o tempo se divide
Em velho e novo, eles não fazem mais
Nada velho.
Mas o tempo continua a rolar.

Ato II

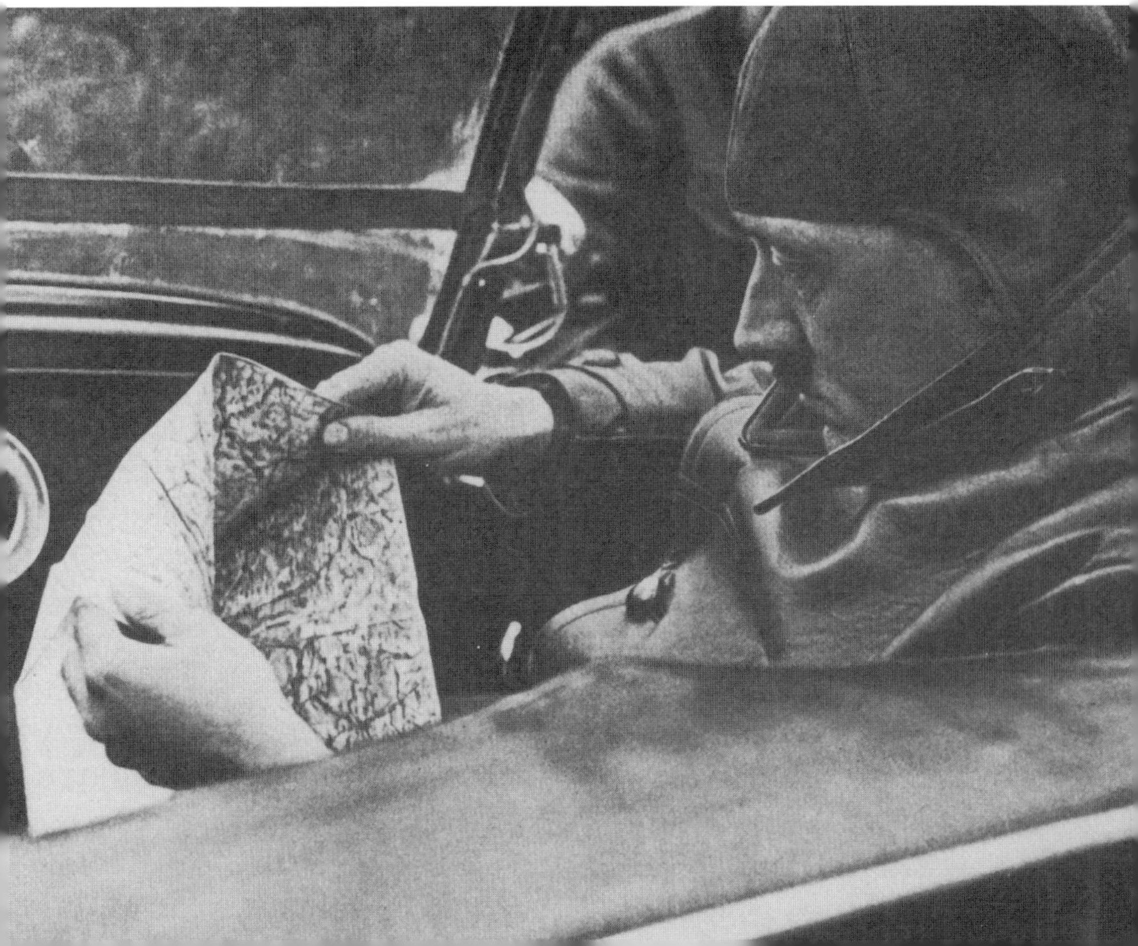

Passeio de Fatzer pela cidade de Mülheim

FATZER Importa saber
Em que ponto do mapa a gente
Se arrastou para fora
Dessa ensangüentada, imprecisa, maldita crosta terrestre
O que se tem para comer aqui
Que tipo de gente, quantos
Ainda estão vivos.
Porque aqui, estou sentindo,
Ficaremos mais tempo.
[*Diante do entreposto municipal de carne*]

FATZER [*pergunta a uma mulher*] Que estabelecimento é esse?

MULHER Mercado de carne.

FATZER E tem carne por aqui?

MULHER Cem gramas por dia por pessoa.

FATZER Então a senhora tem de me dar quatro vezes isso.

MULHER Você vale por quatro homens?

FATZER A prática vale mais que a teoria.
[*Mulher sai rindo*]

UM SOLDADO [*para um açougueiro*]
O comboio todo é de provisões
Como disse, só estão faltando os cinco bois da lista
E foi por isso que eu vim.

AÇOUGUEIRO Está certo, então amanhã vocês vão receber três.
Depois de amanhã
Na sexta-feira, vamos abater de novo.

SOLDADO E precisamos dos outros dois até
Depois de amanhã à noite
Sábado partiremos bem cedo.

AÇOUGUEIRO Ah! Então vocês serão abatidos!

[*As pessoas riem*]

SOLDADO [*sai*] Imbecil!

FATZER [*trotando atrás dele*] Tenho que ir atrás dele!
Esse cheiro sangrento de cinco bois
Vai me guiar. Vou aproveitar para
Dar uma olhada como anda a minha amiga
A guerra.
Em que roupas o povo anda? O povo veste
Roupas velhas, estou vendo.
O pouco de lã e o linho que tinham já
Foram amontoadas atrás das baionetas, distribuídos

Fio por fio. Essa guerra caminha
Em sapatos velhos; então
Não vai durar muito. E acho que já estou vendo:
Pobre está mais pobre e rico mais rico agora e
No meio não tem nada: isso também é bom.
Crianças que nascem sem peso as
Bocas pálidas e que
Não ganham peso. Isso é bom.
Bom também é que o inverno não demora a chegar,
A guerra sofre quando o povo sente frio.
Já tem quinze amontoados
Em tudo que é buraco de parede porque
Não se constrói mais nada, e quanto mais
Ficam amontoados, tanto mais
Passivos vão ficando.
E correm atrás das mulheres
Como nos velhos tempos com tanto apetite
Como se não tivessem que se preocupar com nada além
De montar em cima delas. Isso não é bom.
Eles não estão fracos o bastante
Pior ainda:
Se acostumaram aos tempos sangrentos.
Tudo continua igual. É claro que se arrastam
Até com joelhos esfolados
Em direção a um buraco peludo. Enquanto
Ainda o tiverem, está tudo bem. Também
Deviam tapar esses buracos. Quanto mais eu vejo
Tanto mais sinto vontade de

I
1
2
3
4
5
6
7
8
9
10
11
12
13
14
15
16
17
18
19
20

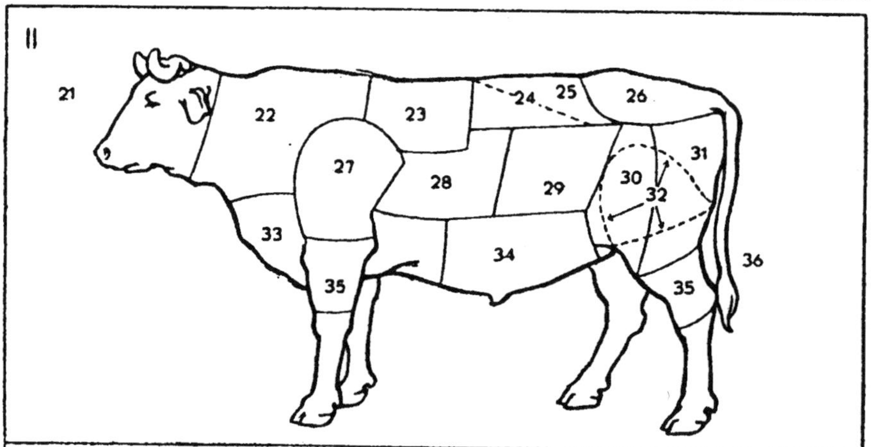
II
21
22
23
24
25
26
27
28
29
30
31
32
33
34
35
36
35

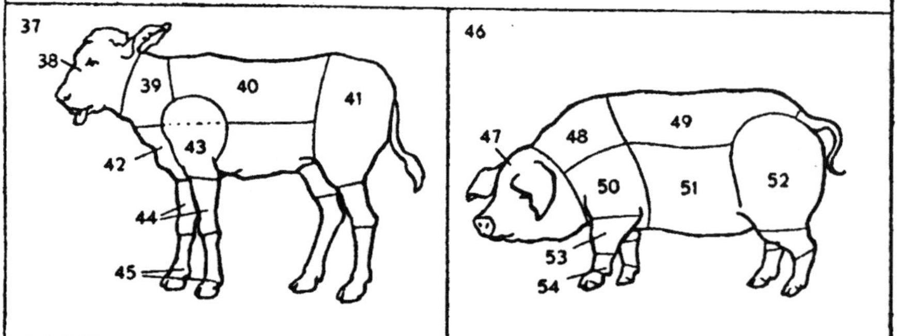
37
38
39
40
41
42
43
44
45
46
47
48
49
50
51
52
53
54

Correr atrás dos meus bons cinco boizinhos.
[*Um bando de recrutas passa marchando*]
São jovens demais, não devia ser assim.
Ainda não conseguem comer a papa sozinhos e já
Têm que matar homens. Isso prejudica a guerra.
Eles tinham de crescer primeiro para depois fazer guerra.
[*Soldado desvia e continua andando*]

FATZER [*trotando atrás dele*] Ele não tem opinião.
Isso é mal. É por isso
Que a guerra dura tanto e já teria acabado
Há tempo, mas ele tem de
Arrumar carne para mim.
Conheço esses rapazes. Esse
Entrega a carne.
[*Diante de uma padaria*]

QUATRO MULHERES [*gritando*] Entreguem a farinha!

FATZER Por que estão gritando tanto?

MULHERES A gente tem um vale
Onde está escrito que vamos ganhar farinha
Mas toda vez que procuramos o padeiro
A porta está fechada e
Não tem farinha nenhuma.
Mas sabemos que
Atrás daquela porta tem farinha.

FATZER E por que vocês não recebem?

MULHERES Os superiores embucham toda!
O que o exército não come, os superiores comem
Mas para nós e os nossos filhos
Sobra só a goma.

FATZER Por que vocês não derrubam a porta?
Derrubem a porta e peguem a farinha.

MULHERES Outro daqueles de boca grande
Deviam matar gente assim!
Por que ele não está no campo de batalha que é o lugar dele?
São os ingleses que não querem que a gente coma
E os franceses estão matando nossos homens
Esse aí está do lado dos inimigos!
Reparem só no arruaceiro! Agora ele está tirando o corpo.

FATZER [*indo até o soldado*] O povo é burro! Desse jeito a guerra
Não pára nunca.

[*Soldado desvia e continua andando*]

FATZER [*trotando atrás dele*]
Enquanto restarem uns fiapos de carne
Entre os dentes ou
Entre os dentes dos irmãos
Não param com a matança.

É por isso que
A água tem que apodrecer na boca.
Vão morrer feito moscas até dezembro
E até janeiro os vermes já os devoraram.

[*Dois homens passam*]

UM HOMEM Você ainda tem lenha no seu depósito?

O OUTRO Uns mil troncos.

UM HOMEM Então não entregue a sua lenha
Você tem de escondê-la. Daí quando
Esfriar, a gente entrega
Pedaço por pedaço e eles terão
De pagar
O que a gente cobrar.

O OUTRO É e temos que tirar
Nosso carvão, balde por balde
Da vista deles, a guerra
Não pode parar.
[*Os dois saem*]

FATZER Parece que ainda tem carvão e lenha. Mas é bom que
Também tem gente que
Desperdiça. Isso enfraquece a guerra!
São pessoas boas!

Se tivesse mais gente assim
A guerra terminava logo.
Mas não são muitos, e esses poucos
Passam bem demais, e enquanto ainda
Puderem ruminar o capim e
Engolir a carne podre de cavalo
Extraem guerra de si sem parar
E por isso é que precisamos cuidar da nossa própria
Causa e arranjar alimento
Que dure bastante tempo.
Atenção! Se não ele vai escapar!
Agora vejo cada vez mais claro: precisamos
Conseguir comida não só para o almoço:
A guerra vai durar mais.

SOLDADO [*vira-se*]
Ei você! Por que você corre atrás de mim como um cachorro
Por que não responde
Quando eu pergunto?
Olha aqui, a gente tem uma
Faca para pessoas
Que ficam na espreita.

FATZER [*consigo mesmo*]
Preciso abordá-lo de outro jeito
Se quiser a carne –
E eu preciso dela para dar àqueles que eu trouxe para cá –
Tenho que dar um jeito! Eu prometi. Tenho que

Me atirar aos pés dele e mostrar-lhe a minha fome.
Ei, camarada!
[*Ele cai*]

SOLDADO O que há com você?

FATZER Me dê alguma coisa para comer!

SOLDADO Levante! Eu não tenho nada!

FATZER Me dê alguma coisa para comer!

SOLDADO Eu não confio em você, homem!
Um sujeito desses que se joga no chão
Você dá de beber a ele e
Ele lhe enfia uma faca pelas costas.

FATZER É, agora é assim em toda parte.

SOLDADO Não pense que eu não percebi que
Você estava me seguindo. Se você fosse honesto
Você não teria se jogado no chão, porque
Você não está fraco.

FATZER Pense o que quiser mas
Se eu tivesse o que comer
Eu não teria me jogado no chão.

SOLDADO O que eu tenho com isso?

FATZER Nada. Eu aqui caído e
Morrendo e você diz:
O que eu tenho com isso?

SOLDADO Por que não?

FATZER É claro! Por que não?

SOLDADO O fato é que eu não vou lhe dar nada.

FATZER Está claro que não!
Preste atenção: somos
Quatro e precisamos
Comer, e se alguém nos descobrir
Estamos perdidos. Mas você
Tem cinco bois
E foi atrás deles que eu corri, quando
Corri atrás de você, e amanhã
Quero voltar com os meus amigos
Com uma carroça
Quando escurecer, e você
Vai entregar a sua carne e
Farinha e um pouco de banha do seu depósito
Que eram para o exército; porque nós
Também somos do exército. E agora me ajude a levantar.

SOLDADO Eu não vou levantar você. Mas
Se vocês forem mesmo do exército e
Caíram fora dessa guerra nojenta e aparecerem
Amanhã com a carroça na frente do açougue, mas bem ali
Onde tiver bastante gente, eu vou ver
O que posso fazer por vocês.

FATZER Somos quatro, viu!

Segundo desvio de Fatzer

Por duas noites seguidas, os companheiros que regressaram procuram arranjar comida. Fatzer frustra as tentativas.

[1]

KEUNER É aqui o lugar
Ele tem de passar por aqui
Aquele que vai nos ajudar, o tal
Sujeito que o Fatzer encontrou
E a hora é a mesma.

BÜSCHING Se o Fatzer, que
Conhece o sujeito, chegar
Na hora. Ele é filho da puta
Quando se trata de pontualidade.

BÜSCHING Fatzer vem.

LEEB Quando soar o toque de recolher
O homem tem que estar no quartel.

KEUNER Então o Fatzer vem
Antes de soar o toque de recolher
E o homem também já deve estar lá.

BÜSCHING É, deve estar no meio desses.
Qual deles será?

LEEB Aquele ali! Talvez seja aquele?

BÜSCHING Poderia ser aquele ali, o que vocês acham? Ele
Parece amigável.

KEUNER Muito amigável! Amigável demais até. Se
Tivesse a cara um pouco mais dura
A gente não podia dizer que parece ambicioso e ele não tem
Cara de ser guloso? Um jeito assim!
Sim, amigável – mas amigável com quem?
E digo mais, agora que olho mais para ele
Parece tão mole quanto a gola suada de um assassino:
Não
Não pode ser ele.

[*Passa um civil*]

BÜSCHING E esse?

KEUNER O recruta? É, pode ser
Tirou a farda, para não
Ser reconhecido, mas pensem
Ele não tiraria também a pele, para não ser
Reconhecido, e os músculos e as veias
Para não ser reconhecido?
Essa orelha de abano tem algo de estranho
Eu vou dizer: esse não vai forrar quatro estômagos
Que, enquanto a crosta terrestre é dilacerada pela guerra
Estão estendidos debaixo da terra esperando pela carne.
Não, ele não.

BÜSCHING A gente não vai encontrá-lo sem o Fatzer.

KEUNER Se o Fatzer o escolheu, o que vai nos
Ajudar, ele tem de ser
Reconhecível, porque se não
Como ele iria reconhecê-lo?

[*Passa o soldado da noite anterior*]

BÜSCHING Esse por exemplo não poderia ser
Parece ser de ferro
Eu não falaria com ele.

KEUNER É verdade, esse aí
É um sujeito durão, dá para ver.

BÜSCHING Se o Fatzer não aparecer agora
Hoje foi em vão.

KEUNER Quanto mais a gente olha, tanto menos
Um homem se parece com um homem, nenhum entre todos
Que passaram por aqui, pareciam ser alguém
Que ficaria do nosso lado se fosse preciso.

[*Soa o toque de recolher*]

BÜSCHING Agora podemos voltar para casa,
Não entendo porque ele não veio.

[*Fatzer aproxima-se lentamente*]

FATZER Vocês estão aí?

BÜSCHING Onde você esteve?

FATZER Eu estava impedido.

KEUNER Por que você não veio
Fatzer? Não estava combinado?

FATZER Eu estava tratando de um negócio com os açougueiros
E eles acharam que podiam
Me passar a perna.

BÜSCHING Então se foram as provisões para as
Próximas semanas?

FATZER Amanhã é outro dia. Quem sabe
Talvez amanhã vocês também usem outro tom
Na voz, quando falarem comigo
Se precisarem de mim.

KEUNER Não precisamos de outro tom na voz, mas você
É que tem de estar aí quando for preciso.

FATZER Quer dizer então que eu tenho de estar aí?

BÜSCHING E amanhã? Você vai estar?

FATZER Vou.

KEUNER E nada vai te impedir?

FATZER Não.

KEUNER Então amanhã.

[2]

KEUNER [*para Fatzer*] A gente precisa da carne
Vê se não arruma nenhuma briga.
Porque a gente não pode ajudar você
Porque, como você mesmo disse, ninguém deve

Reconhecer a gente.
Não podemos desperdiçar mais nada
Uma carne assim de mão beijada
Não aparece duas vezes.

[*Aparecem dois açougueiros*]

FATZER Lá vem aqueles que me ofenderam ontem
A gente precisa mostrar a eles
Que não podem com a gente.

BÜSCHING Fique aí, Fatzer, precisamos
Da carne.

FATZER Não quero nem saber. Eu tenho
Que falar com eles.
[*Fatzer vai para cima dos açougueiros.*
Outros açougueiros saem do açougue e o cercam]

AÇOUGUEIROS Olha lá o sujeito que
Levou porrada ontem. Ele está precisando
Levar mais hoje.

FATZER Ontem eu estava só. Mas hoje
Somos mais. Ei Büsching!

UM AÇOUGUEIRO Metam a mão na fuça dele!
Quem ele pensa que é?

[*Espancam Fatzer*]

KEUNER [*para Büsching e Leeb*] Fiquem aí! Não deixem
Que percebam, finjam
Que não o conhecem.

UM AÇOUGUEIRO [*para eles*] Oh, vocês aí!
Vocês estão com ele?

KEUNER Não!

UM AÇOUGUEIRO Vocês estavam com ele
Vocês o conhecem sim.

KEUNER Não, não o conhecemos.

OS AÇOUGUEIROS [*voltando para o açougue*] Melhor para vocês!

BÜSCHING Agora a gente tem de levantá-lo.

KEUNER Fique aí! A gente veio aqui para buscar
Carne.

LEEB Mas para isso a gente precisa dele.

KEUNER Ele que se levante sozinho.
[*Fatzer se ergue coberto de sangue e sai cambaleante*]

KEUNER Fatzer!
Para cá, Fatzer!

LEEB [*chama*] Venha cá!
[*Fatzer anda como se não ouvisse, sai*]

LEEB Para onde ele está indo
Ele apanhou muito.

KEUNER Quando voltar a si
Ele virá aqui; porque
Nós estamos aqui e precisamos
Da carne.

BÜSCHING Daqui a pouco vai tocar o sinal
Talvez a gente devesse ter ajudado ele; ele é o único que
Pode conseguir alguma coisa para a gente.
Quando estava deitado no chão
Vi que olhava para cá.
[*Soa o toque de recolher*]

KEUNER Bom, vamos então.
Não comentem mais nada sobre isso.
Vamos dormir uma noite, mas
Eu digo para vocês: não
É nada bom o que antevejo.

Documento Fatzer 4

PROJEÇÃO — IMAGEM FINAL

CORO [*mostra imagem final*]
Mas quando tudo havia acontecido, havia
Desordem. E um quarto
Que estava totalmente destruído e dentro dele
Quatro homens mortos e
Um nome! E uma porta com algo escrito
Que não se entende.
Mas vocês, verão agora
O todo. Tudo o que se passara, nós
O reconstituímos
No tempo e na seqüência
Exata, nos lugares exatos e
Com palavras exatas, que
Foram ditas. E seja lá o que vejam,
No final vocês verão, o que nós vimos:
Desordem. E um quarto
Que está totalmente destruído e dentro dele
Quatro homens mortos e
Um nome. Ou três homens, saindo pela porta
Para ordenar
As grandes questões da humanidade
E um homem morto
Que ainda não está morto e diante dele
Uma porta com algo escrito
Que se entende.

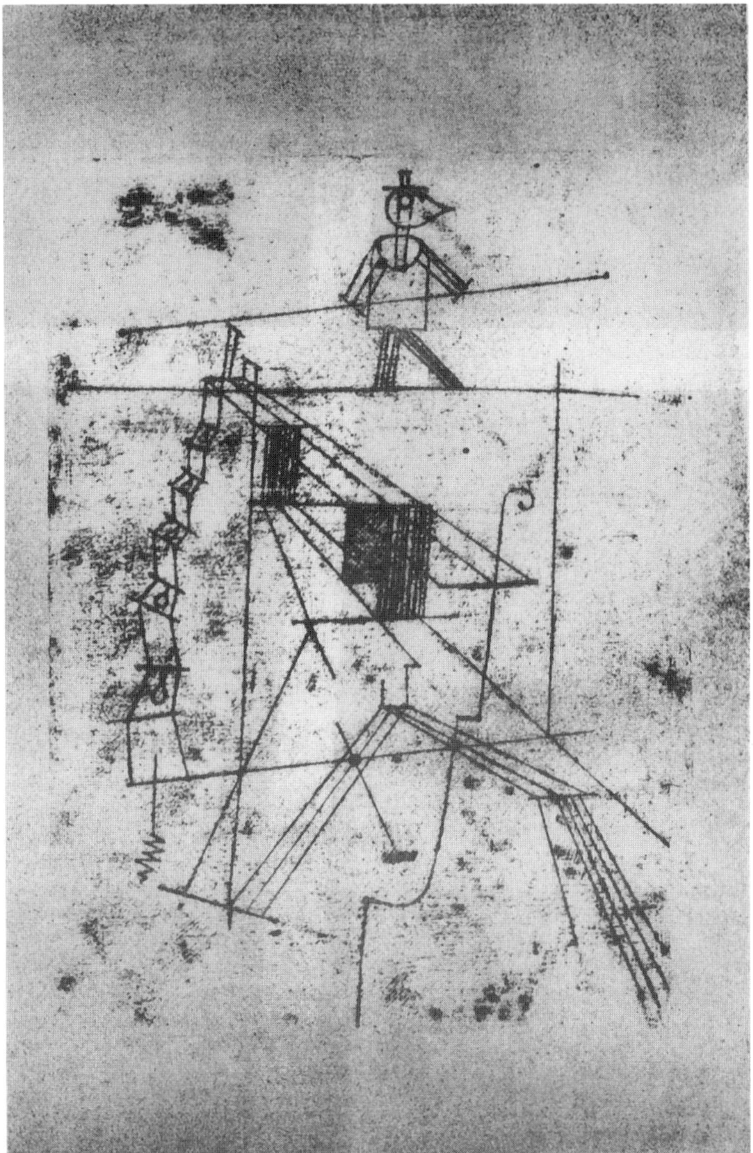

Documento Fatzer 4

CORO Você, Keuner, reconheça
O erro que vocês cometeram
Mais uma vez vá
Até o tanque e corrija
O desenho da situação de vocês
Trace uma linha vertical passando pelo ponto Fatzer tão longa
Quanto uma linha infinita, porque não
Existe só Fatzer,
É um entre muitos que obedecem
Do mesmo jeito, porém trace
Atrás da linha do inimigo uma
Outra de extensão e tamanho daquela
Linha, que representa a sua burguesia
Porque também os seus inimigos têm atrás deles
Outro inimigo, a burguesia, e também
Desenhe uma seta, voltada contra vocês
Essa que é
A verdadeira situação de vocês
Só que agora você consegue
Reconhecer, o que é preciso fazer por vocês e todos os soldados
Que também são obedientes e estão
Contra vocês. Virem-se e
Transformem a guerra dos povos na
Guerra de classes e
A guerra mundial na
Guerra civil, portanto fiquem unidos e levem

A guerra em seu próprio país, porque antes
Que exterminem sua burguesia, as
Guerras não cessarão.

KEUNER Então deveríamos
Ter ficado.

CORO Correto, mas por terem
Se afastado da massa e portanto
Agido errado, vosso
Declínio é previsível.

Documento Fatzer 4

Coro aconselha o público a não mais prestar atenção ao destino distante dos quatro

CORO Já que esses quatro
Fizeram força para
Sair do seu ambiente e se posicionaram
Agora com aparência animal
Embaixo de constelações que para nós
São desconhecidas, e se separaram de
Nós por atrevimento ou ingenuidade, em breve
Irão acontecer coisas estranhas com eles, que conosco
Sendo boas ou más nunca
Aconteceram ou irão acontecer

Incompreensíveis. Por isso
Tapem os seus ouvidos porque não ouvirão
Nada de humano. Isolados
Da existência natural, morrerão sem
Sons compreensíveis.
O que o homem em declínio diz
Não tem valor. O que são os atos
Daquele, que não tem esperança? Ele não se parece
Com nada humano mais.
Para que saber
Quem dilacera quem, se para ambos
A morte é certa?
Sem valor é o falatório dos infelizes
A vida deles já está encerrada, e o que eles ainda
Desejam dizer,
Não interessa mais.

Documento Fatzer 4

Coro refere-se à existência de muitos interessados no destino dos quatro

CORO Os miseráveis de hoje
Amanhã serão felizes, que importa, se
Hoje ainda são mortais?
Aconselhamos a vocês: dêem
Uma olhada nesses quatro porque os verão

Em declínio agindo como
Quem sobe. Não está preocupado
Ao morrer, quem não tem herdeiros
Não examina muito cada pedra de sua casa
Na construção, quem nunca pensa em morar nela
É claro que eles
Não partem em busca de um bom negócio
Mas para o vazio. O que deixam de fazer
É a ruína dos seus inimigos
E o futuro deles
Ficou para trás. Por isso ouçam
Porque é mais importante para vocês
O que eles têm a dizer, do que
Para eles mesmos.

Ato III

A invasão [nas profundezas] I

SRA. KAUMANN [*grita*] Onde eles estão?
Hoje decidi
Satisfazer
A minha carne.
Três anos
É tempo demais!
Por que ele não vem
E deita em cima de mim?
Minha nudez
Já secou, vai ver que
O meu tempo já se foi!
As vacas e as cadelas
São satisfeitas quando estão no cio
E eu exijo, que também
Seja satisfeita!
Que eu não fique sempre pensando
No meu ventre, que está vazio
Mas que viva como vocês!

A MULHER Grite!
Quando acabar de gritar
Será como antes
O que uma mulher é, ela
Não precisa só do mingau e tal e
O amor

É para os bacanas, mas
De noite ela precisa de alguém
Que faça com ela, isso até
O médico diz!

SRA. KAUMANN Eu tenho um homem, está
Escrito na porta o nome.

MULHER E está também na lista
Dos desaparecidos.
Não dá para ir para cama
Com um nome.
Mas eu tenho um irmão, que
Não tem emprego.

SRA. KAUMANN Aqui só tem um quarto, não
Tem lugar para o seu irmão.
Você é uma sem-vergonha,
Uma puta, por isso você
Não pensa em outra coisa
Mas até que a minha sopa esteja
Na mesa
Eu não sento, sou assim
E fico feliz que não tenha ninguém que
Se deite em cima de mim!

A OUTRA A sua boceta também é uma puta!
[*Chamam de fora*]

SENHORA

SRA. KAUMANN Quem está aí fora, não vou
Abrir!

KAUMANN Abre, sou eu!

SRA. KAUMANN Você está vindo de onde?

FATZER De onde sempre viemos
Imagine que seja das
Profundezas do inferno! E
Seja lá porque a gente sempre acaba ficando junto
Agora estamos aqui, o que nunca tinha sido nosso propósito.

KAUMANN Esses são os meus amigos.

FATZER E a senhora tem que tratar bem
Com comida e com o que
Tiver guardado.

KAUMANN É, o que tem para comer?

SRA. KAUMANN Você está de licença, para
Aparecer assim sem avisar?

FATZER Pode se chamar de licença.
Mas quem muito pergunta
Ouve muito.

KOCH Aqui não tem muito espaço, não é?

SRA. KAUMANN Gottfried, você ainda continua
Tendo tanta fome?
[*Eles comem*]

FATZER Ontem, quando viemos para cá
Eu vi
Que todos estão insatisfeitos
Isso me agradou.

KOCH É, logo, logo vai começar
É só esperar.

BÜSCHING E agüentar.

[*Riem*]

FATZER Quando começar a gente
Tem de estar junto.

KOCH Se nos pegarem sozinhos
A gente está frito. Não
Devemos seguir. Aqui
Na fronteira
Estão mais insatisfeitos e: onde
Ficam as fábricas!

FATZER É aqui. Então
Decidimos
Que vamos ficar juntos
E você não vai para Passau,
Koch.

BÜSCHING E eu não vou para Liegnitz.

SRA. KAUMANN Até amanhã eu encontro um
Lugar para vocês.

FATZER Não precisa.
Amanhã ainda não vai começar
E enquanto isso vamos ficar aqui
Com você, engula de uma vez
E não faça tentativas! Não vai adiantar
Nada! Em que estação estamos?
Primavera! Isso pode demorar.
Mas eu tenho mantido
Os olhos abertos e vi, que
Está começando um novo tempo e
Com o povo
Algo que nunca tinha sido
E a gente vê pessoas andando por aí, que
Antes não se via, isso
Porque
Tudo que está embaixo
Subirá

Onde antes
Havia um homem e um outro
Agora há a massa, um
Homem da massa e todos permanecem
Juntos.
E não voltam mais para casa
E tem comida suficiente para você,
Kaumann, e para você vai dar certo,
Koch, porque você quer que
Dê certo.
E isso não é porque
Existe um Deus, ele
Não existe, mas
Porque o homem avança para
Conhecimento
De que a comida está em primeiro lugar.
Mas eu vou garantir
Que vocês ganhem comida até lá e
Sobrevivam
Porque agora estamos na fronteira desse país
Que nos pertence.

KOCH Eu vou ficar
Nesse colchão aqui.

SRA. KAUMANN E eu vou dormir onde?

BÜSCHING Na sua cama como sempre.

SRA. KAUMANN Mas se vocês todos estão aí deitados?

KAUMANN De noite está tudo escuro.

SRA. KAUMANN Talvez eu quisesse falar com você
Depois de três anos.

FATZER Amanhã.

KAUMANN E onde a gente vai conseguir a
Comida?

FATZER Amanhã.
Quando eu sair amanhã
Para buscar a comida de vocês
Porque vocês querem comer
Mesmo se não estiverem aqui
Eu vou precisar de um terno como
Qualquer pessoa. Você tem um?

KAUMANN Deve estar no guarda-roupa.

SRA. KAUMANN É este aqui.

FATZER Este serve. Eu tenho que aparentar
Ser um deles.

SRA. KAUMANN Mas vocês vão

Die Gefahr des
Bolschewismus

Ficar todos?
Quanto tempo?

KOCH Pouco tempo.

Documento Fatzer 5

PROJEÇÃO — LENIN

CORO Ao mesmo tempo recomenda-se
Meter militares
Nas fábricas
Varrer os jornais com mais
Empenho do que antes, para evitar
Que olhos desamparados leiam
Coisas que prejudiquem.
Além disso um homem de nome Uljanov, chamado Lenin
Residente no exílio em Zurique
Socialista e agitador popular
Um elemento destrutivo
A pedido dele, permitir a passagem por nosso território
Num vagão lacrado que no Oriente
Como cupim
Tenta corroer nosso inimigo oriental
Por dentro e assim sem
Saber fará nosso trabalho.

Documento Fatzer 5

PROJEÇÃO — GUERRAS REVOLUCIONÁRIAS NOS QUATRO CONTINENTES

CORO Mas nós queremos
Sentar na margem das cidades e
Esperar por eles. Agora
Devem vir tempos melhores; porque em breve
Surgirá o novo animal, que nascerá para substituir
O homem.

A invasão 2

FATZER A mim paralisa o amanhã e
O hoje descompromissado!
Sentado assim
Entre o ainda não e o já não mais
Não acredito no que penso!
Só pode ser um engano, que se esclarecerá
Amanhã! Então por que falar hoje? De que
Serve construir o barco se o rio está seco?
Quando vejo vocês comendo
Vejo outros digerindo atrás de vocês
Diferentes de vocês! Mas a mim não vejo
Comendo!
Não ouço as vozes de vocês antes do ruído
Dos muitos passos daqueles, que eu não conheço.
Das bocas sujas e redondas de vocês saem

Grandes palavras quadradas, de onde vêm?
Sinto que sou provisório
Mas o que
Vem depois?
Que vocês me entendam
Eu proíbo.

KOCH Precisamos fazer com que
Fatzer fale. Por que
Ele não veio?

BÜSCHING Não vir, não parece
Com ele.

FATZER É, o que o homem faz, não parece
Com ele.

BÜSCHING O Fatzer é
O nosso melhor homem. O que ele fala
Ele cumpre.

KAUMANN Ele é bom, ele sempre
Acha uma coisa para comer
É capaz de tirar uma vaca
Do cano de esgoto!

KOCH Sem Fatzer
Não estaríamos aqui. Ele abriu

FATZER

Caminho no meio do arame farpado e até
Entre as pessoas! Ele tem que
Ajudar a gente!

THERESE É, mas não confiem nele! Eu o vejo
Diferente! Vocês são bobos, mas ele é
Egoísta, eu logo vi! Vai acabar traindo
Vocês!

[*Os três riem*]

BÜSCHING Trair a gente, isso
Parece piada!

KOCH É bom que ele seja
Egoísta! Ele tem um eu grande, que dá
Para nós quatro e por nós quatro
Ele é egoísta! Ele
Pode nos ajudar!

FATZER Já estão falando de novo
De mim e eu
Escutando vou virando
O que precisam.
Ou não!

[*Vai até eles*]

KOCH Fatzer, você não apareceu
Ontem, na hora em que era para a gente
Buscar nossa comida. Por que não?

FATZER É, por que não?
Pense um pouco Koch!
Quando vocês falam, atrás de vocês há sempre
Outros falando!
É por isso que essa conversa mole de vocês
É importante.
Atrás de vocês há muitos marchando
Avançando no mesmo trote e por isso
O trote de pé chato de vocês é
Importante, percebem.
Por que
Fatzer não veio?

KOCH Não sabemos, Fatzer.

FATZER Que pena!
Porque antes de ontem
Eu estava ali, lembram, lá
Deitado
Diante de vocês no chão, com os
Olhos fechados
Esperando.

BÜSCHING Ele está achando

Que a gente devia ter ajudado, bem
Que eu queria, eu falei para você, Koch
Vamos ajudá-lo!

KOCH Você acha isso?

FATZER Pense um pouco!

KOCH Agora eu não estou entendendo.
A gente estava lá para
Buscar carne. A gente disse:
Ninguém pode reconhecer a gente. Se
Um de nós for reconhecido, então
Os outros devem fingir que
Não o conhecem para que
Não se danem todos! Aí você
Começa uma briga, apesar
De a gente ter decidido evitar
Toda e qualquer briga. Nós
Vimos você caindo e queríamos
Correr até você, mas aí pensei
No que a gente tinha decidido e
Nos detivemos por esperteza! Não fomos
Espertos?

FATZER Muito espertos, não serão
Um pouco espertos demais?
Vocês estavam lá parados com os músculos nas mãos?

Gente assim não se aperta.
Pessoas espertas não precisam ajudar ninguém.
No máximo poderíamos dizer que faltou
(só um pouquinho)
Impulso afetuoso
Acesso tolo.
Talvez vocês tenham caído nessa
Por descontrole e
Talvez tivessem saído novamente.
Talvez, pelo seu
Fatzer, comovido por tanto carinho.
Mas isso talvez vocês possam reparar
Ainda que reste uma sombra
Pequena. Já que é preciso
Esfregar na cara de vocês
O óbvio.
Curto e grosso: convido vocês
A participar da minha luta.
Um pouco de irresponsabilidade, por favor!

KOCH E o que vai acontecer agora?

FATZER Vocês querem mesmo saber?
Convido vocês a ingressar
Nessa luta, e a comparecer hoje à noite
Na mesma hora e no mesmo
Lugar onde vocês falharam. Para que
Nós

USSR
RUSSISCHE
AUSSTELLUNG
192
24MÄRZ–28AP

Possamos nos olhar de novo nos olhos e
Para que eu derrube os
Que me derrubaram!

KOCH Isso me admira. Para ser franco:
A gente pensava que você
Ia falar para a gente
Como
Vamos conseguir carne.
Eu pensei: queremos
Carne, não lutar.

FATZER Para ser franco: eu pensei que
Nós queremos lutar.

KOCH Isso é curioso. Mas se
Você faz questão, a gente tem de
Votar. Então vocês
Querem
Que a gente entre agora nessa
Luta do nosso camarada, no que
Vocês devem refletir, se é esperto, já que
Ninguém deve nos reconhecer.

FATZER Ou vocês querem se devorar?
Vocês têm que considerar
Que nem sempre as coisas seguem um plano
No mundo. Por mais esperto

Que se possa ser, agir como humano
É necessário às vezes, comer é bom –
Mas é preciso perguntar também: quem
Come?

KOCH Então vocês querem
Carne ou luta?

KAUMANN Carne.

BÜSCHING Carne primeiro.

KOCH Então carne. Fatzer, a gente
Decidiu que
A luta será abortada.

FATZER Eu pensava que vocês não precisassem de carne.
Vocês precisam de carne?
Quando vi vocês ontem ali parados pensei,
Gente assim vive eternamente, esses
Não dependem da carne que você arranja.
E pensei ainda, quando
Já estava deitado no chão.
Sou contra esse jeito mecânico de vocês
O homem não é uma alavanca.
E também não tenho a mínima vontade de fazer
Entre tantas coisas só as que são úteis para mim. Às vezes dá
Vontade de enterrar a boa carne e de

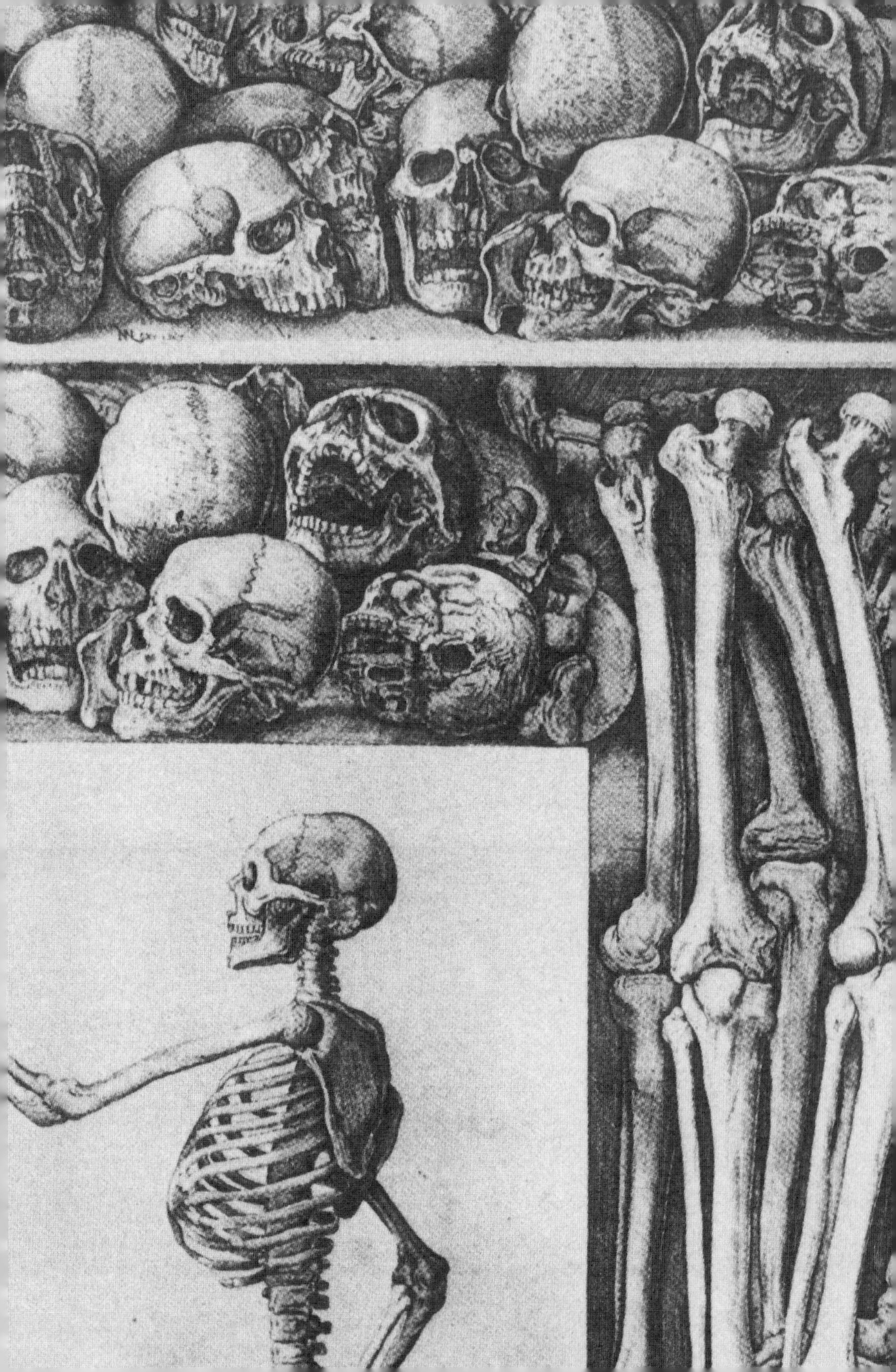

Cuspir na água potável
Não é fácil.
Mas vocês também contam até as frações do
Que tenho de fazer, e somam na conta.
Mas eu não faço isso! Calculem!
Contem com a resistência de dez centavos do Fatzer
E com a inspiração diária do Fatzer!
Façam a estimativa do meu abismo
Calculem cinco de imprevistos
E guardem de tudo que há em mim
Só o que for útil a vocês.
O resto é Fatzer.

KOCH Você fica ai olhando atravessado
Quando o mundo sai dos trilhos
Esse é o motivo por que
Fico aqui sentado invejando a carne
Na sua boca! Você devia ser fuzilado de
Noite como um cão
Que nem se importa.

FATZER Veja esses enterrados
Quase não resta nada deles
Não mais se distinguem do chão
Esse mofo ambulante de
Quem a cada passo cai a cal
Do buraco dos olhos!
Eu tirei vocês do esgoto

Como alguém que acha uma dentadura, que
Para poder comer tem de
Encaixá-la primeiro!

BÜSCHING [*de repente*]
Eu estou falando a você, Koch, eu
Não penso nada de bom da gente, de você, de mim e
De ninguém, nós nos vendemos
Por carne, só por isso ainda
Não somos desprezíveis, mas se esse
Fatzer nos trair, ele
Terá de ser eliminado.

KOCH A batalha não
Matou a gente, mas
Quando o ar está calmo no quarto tranqüilo
Nós mesmos nos matamos.

Documento Fatzer 6

PROJEÇÃO — FOTO DO UNIVERSO

CORO Isso tudo é o negócio do tempo
Quem represar o rio, verá, se viver muito
Ainda, o dique se romper ou
Faltar o rio.

CORO DE OPOSIÇÃO Vejam, a matéria é suficiente

DAS FATZER-FRAGMEN

É só ordená-la, que sobrará bastante
Por mais água que se traga ao deserto, ainda assim
Só ficará areia. Não temam:
O fim não é tangível.

A Invasão 3

KAUMANN [*trazendo um pacote*] Trouxe beterrabas.

BÜSCHING Cozinhar! Cadê a mulher?

KOCH Trabalhe. Cozinhe você!

BÜSCHING Passe para cá!

KAUMANN Estou vendo se estão frescas.
[*Morde uma*]

KÜSCHING Tem duas que já foram mordidas
Foi você?

KAUMANN Já estavam assim.

BÜSCHING Merda nenhuma. Você
Que mordeu.

KAUMANN Se eu peguei!

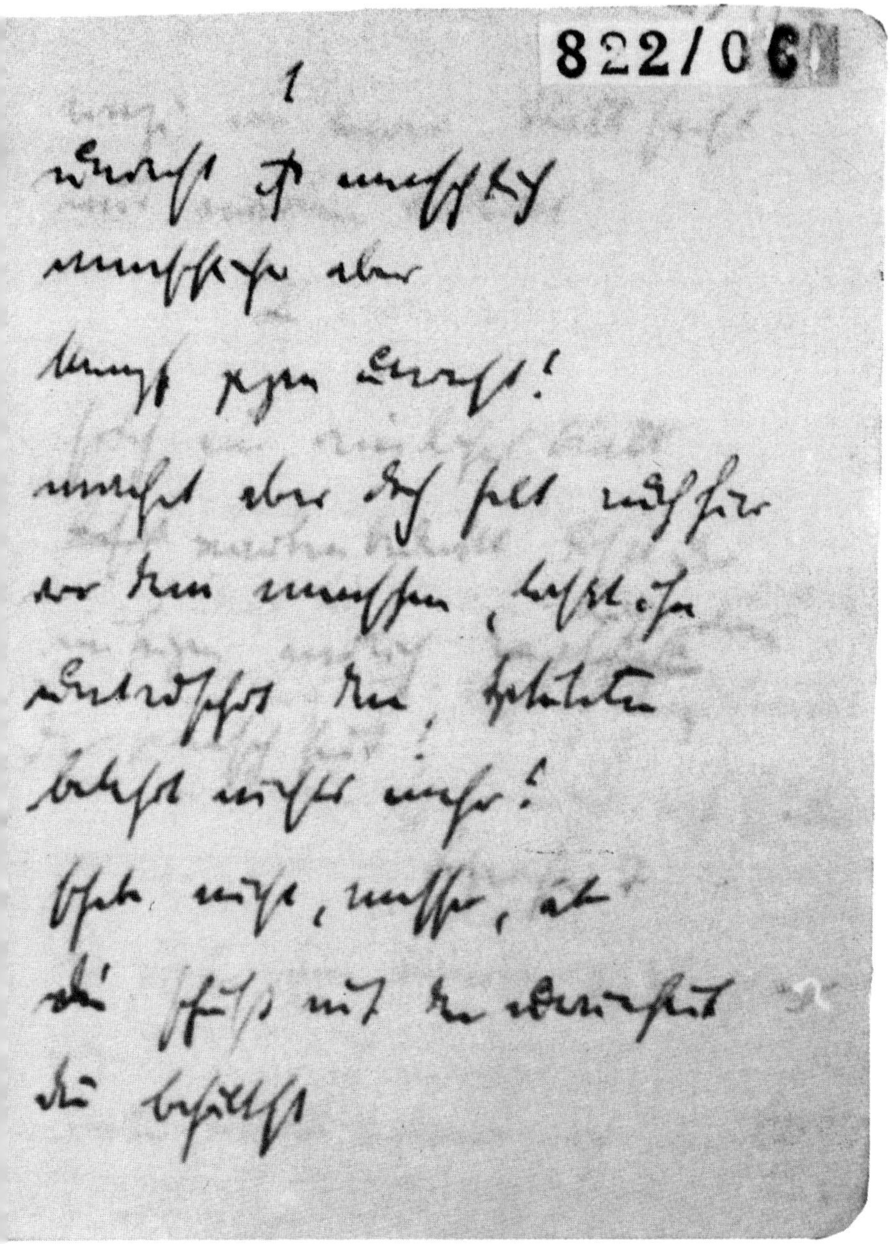
822/06
1

KOCH Significa que você vai comer?
Cospe o que você tem na boca!

KAUMANN Vem pegar!

BÜSCHING [*vira a cabeça dele*] Cospe!

KOCH É pelo princípio!

KAUMANN [*cospe na cara de Büsching*] Toma aí!

FATZER [*que começou a comer*] Vocês combinam um com o outro.

KOCH Tem que cozinhar primeiro!

BÜSCHING Coma também! Eu não vou esperar!

KOCH Depois fica peidando por aí!

FATZER Isso não se faz. É pelo
Princípio!
[*Comem*]

KOCH Está tudo tão calmo por onde
A gente passa! Nenhum indício
De nada! E a gente aqui perdendo
O fôlego!
[*Comem*]

FATZER Eles comem o pão deles sem sal
Isso ainda vai demorar mil anos
Miolos roídos, decompostos
Pela fome – por isso fracos
Se fracos – como animais
Não perguntam: por quê?
Portanto devem ser mantidos por baixo.

KOCH [*para Fatzer*]
Eu não preciso de comida. Agüento dois dias a mais
Do que aquele que entre eles mais
Agüenta se vocês
Se submetem a essa pressão animal
E se o estômago de vocês não tem cérebro
Vocês precisam fazer o que eu não preciso
E é a minha cabeça que me permite
Isso
Ouvi você dizer, Fatzer,
Come com a gente?

FATZER É, como.

BÜSCHING [*ri*] Esse é o novo tempo.
Eu vi muitos nas batalhas
Com rostos vermelhos e alguns
Entravam, confusos como besouros, mas
Nunca vi
Um grande homem.

FATZER [*ri*] Eu sou um.

[*Entra a Sra. Kaumann*]

SRA. KAUMANN Estão todos comendo? Não precisam mais
[de uma colher
Ou de duas colheres? [*Para Kaumann*] Está
Satisfeito, não precisa mais de
Nada? Se você não falar, eu quero falar, e se
Nunca está sozinho, vou
Falar na frente deles, desses que estão se devorando. Você
[*Para Fatzer*]
Eu odeio mais que a todos porque você
É o mais durão e podia encontrar o que comer.
[*Fatzer ri*]
Por isso eu pergunto: não querem
Tomar um arzinho
Ou sair um pouco para que eu
Possa ficar a sós com o que é meu. Falo para qualquer um:
Ele tem que meter entre as minhas pernas, demora
Só uns minutinhos, desculpem enquanto isso
Mas tenho direito.

KAUMANN Cala essa boca! Você
Não tem vergonha?

SRA. KAUMANN É bem ela que está me faltando. Quando
Tiro a sua comida da frente você

Fica irado. Mas
Eu vou fazer o quê?

KOCH Levantem, peguem o prato
E comam lá fora.

KAUMANN Vocês podem ficar aqui dentro.
Quando como capim, guarde bem,
Não tenho desejo por
Mulher! E
Ponto final.

[*A Sra. Kaumann levanta e quer sair*]

FATZER [*ri, vai até ela e agarra seus seios*]
Eu preciso respirar com quatro
Pulmões.

KAUMANN Vou acabar com ele.
[*Büsching segura Kaumann; Koch, Fatzer*]

KOCH Ele precisa de uma corda em volta dele.

[*A Sra. Kaumann busca uma corda. Os três amarram Fatzer*]

KOCH Eu sinto agora que ainda por cima
Fomos atacados por uma doença! Um de
Nossos membros

Está muito fraco.
Nesse metal tem
Uma falha impura. Por isso
Não agüenta
Tudo, é
Sem valor.

KAUMANN Quem sabe é só latão e nem é metal?

BÜSCHING Se por dois dias o destino não nos chutou
É porque
Torceu a perna.

KOCH Nenhuma corda dura mais do que
Dura o mais fraco fiapo.

FATZER [*em cima de Kaumann*]
Quando alguém engata seu pênis verde deteriorado
Nesse charco gorduroso
Ele logo levanta, temendo
Não encontrar seu lugar e começa
A falar de si com uma puta seriedade
E
A esquecer o que é.
A mim não agrada mais
Esse mundo.
O que não gosto de admitir:
Logo eu

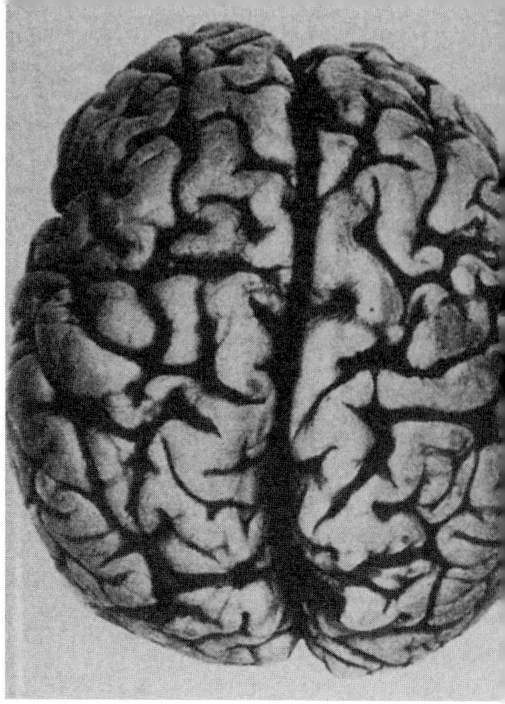

Que desprezo os
Que estão na desgraça.

KOCH Agora teremos de discutir se
Queremos ir embora, cada um para sua cidade
Ou ficar nessa.

BÜSCHING Ir embora.

KOCH Só porque você
Se empanturrou
Para você
Nada mais importa.

FATZER Mas de todas as ações resta
Só essa: viver
Empreendimento de alta periculosidade, quase sem esperança
Só é possível roubando, mas de agora em diante:
Cada grama de carne fresca é uma vitória
Refazer esse teto sobre a cabeça a cada hora
E o nosso único triunfo, talvez nunca seja vivenciável:
Passados esses anos
Ainda existir.
Entre nós eu sou
Por cérebro e físico o mais capacitado
A sobreviver sozinho, mas eu
Sou a favor de ficarmos juntos.

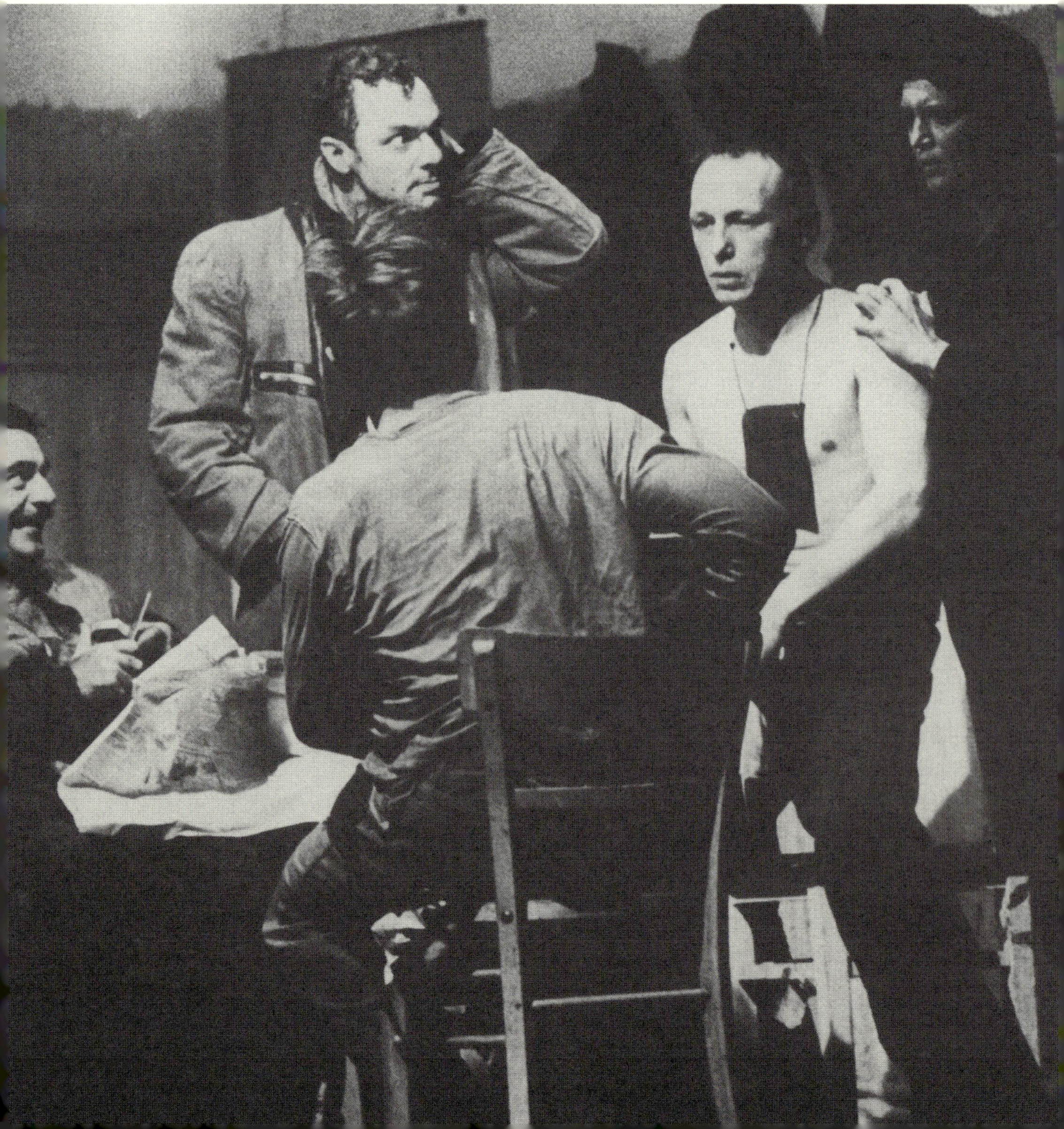

KOCH Eu vou dizer a vocês por que
Não devemos ir cada um para sua cidade:
Aquele que fosse iria sumir
Um clandestino entre muitos, e procuraria
Esquecer sua condição ilegal
Mas assim
Ficamos imprestáveis
Completamente sem nome, pelo
Qual pudessem nos chamar
Irreconciliáveis
Quatro do mesmo tipo, portanto que pensam do mesmo modo
E moram na cidade do inimigo
Aguardando o declínio
Daqueles que agora a habitam
Injustamente, mas não
Para sempre.
Desamarre a corda dele, mulher.

FATZER Agora que deixei de ser um cachorro amarrado
Irei tratar, a propósito perdoando vocês por terem o miolo mole,
De terminar o meu negócio com os açougueiros.
Para
Apresentar a vocês um homem. Antes
Do seu declínio convido-os a comparecer hoje à noite
No horário e lugar que conhecem.
É ali que vai acontecer o irresistível
E totalmente público
Passeio de Johann Fatzer.

Kaufe jede
Uniform
Extrablatt

Documento Fatzer 7

PROJEÇÃO — MAPA POLÍTICO DO MUNDO

CORO Essa foi a semana em que
O proletariado russo...
Em Moscou
Lenin fala!
13 e 14 de março 1917
Os alemães avançam sobre
O Nieper

Essa era a situação da Europa quando Johann Fatzer
Fez seu passeio.

A Invasão 4
O passeio de Fatzer – Fatzer em seu passeio, no qual põe em perigo seus companheiros

FATZER O ar e as ruas pertencem a todos os homens
Andar livremente pelo fluxo dos transeuntes
Ouvir vozes humanas, ver os rostos
Deve ser permitido a mim.
Minha vida já é curta e logo vai se acabar e entre os passantes
Não sou mais visto. Mesmo na luta eu tenho de respirar
Comer e beber como sempre. Talvez dure uma eternidade
Porque durará mais do que eu, e aí eu abatido
Nem vivi. Também o peito definha

Nos esconderijos e para que ainda esconder
Um homem arruinado. Isso tudo prova que eu posso andar
Como quiser e para onde quiser.

OS TRÊS [*andando atrás dele*] Não prossiga Fatzer, você não está
Sozinho, consome também o nosso ar
E encurta nossos anos.
[*Enquanto enrolam Fatzer, o amarram e o carregam*]
Para que você não possa andar por aí como qualquer um
Estamos te amarrando. Porque o seu passeio
É a nossa perdição. Você tem de ter uma
Corda amarrada ao corpo, para ficar esperto
Não é castigo mas
Ajuda.

Ato IV

Documento Fatzer 8

PROJEÇÃO — BLACK

CORO O quarto capítulo é o das visões paralisantes. O advento de grandes modificações no espírito da humanidade é anunciado pelo medo. No seu próprio medo ou no dos outros os dirigentes percebem o advento de grandes modificações. São essas modificações que eles devem realizar. No nosso tempo há um grande medo do crescimento excessivo das cidades e muitos pensam em escapar delas. Mas os dirigentes sabem que todos esses pensamentos são nocivos e fazem as grandes cidades. O mesmo ocorre com o mecanização e com o proveito da moral coletiva. Os dirigentes explicam o sentido da mecanização e a utilidade da moral coletiva. Nadar contra a corrente é tolice, é preciso ter sabedoria para reconhecer a direção da correnteza.
O quarto capítulo também é o da destruição das ideologias pelas circunstâncias.
Muitos diferenciam a razão do sentimento e colocam a razão abaixo dos sentimentos. Entre a verdadeira razão e o verdadeiro sentimento não existe diferença que conduza à luta. O dirigente, porém, coloca o sentimento abaixo da razão; nunca usa a razão sem embasamento.

Epicentro do medo – a primeira desapropriação
O capítulo do sexo 1

KOCH Desde ontem eu penso: estranho
Como se modifica, o que parece tão durável
E permanece inalterado, o que
Nos foi ensinado às pressas
Sempre estive acostumado a pensar que a terra
Podia se abrir a qualquer momento, vimos
Fogo no ar, mas
O nosso pai, que estava do nosso lado, eu, você ou
Aquele ali tínhamos esperança de ver inalterado
Nosso conhecido em carne e osso. Está errado
O grande Fatzer, que carregou Koch para fora do fogo
No dia claro tornando-se irresponsável como uma
Criança, largado como cascalho e o fraco
Koch chorando segura
Um pedaço de pau diante dele como se fosse um cachorro, que
Não consegue mais saltar, sabatina-o sobre
A lei pétrea, e o deixa
Absolutamente perturbado. E assim
Fica suspenso aquele que em outros tempos
Não teria sido pior do que
Qualquer um e todos
Sobre os precipícios.

FATZER [*amarrado, queixa-se de ser banido*]
Sou para eles como um pé

Morto pendurado na perna coxa
Que arrastam atrás de si sem vontade
Só não o decepam
Porque sairia muito sangue
Mas essa parte deles é insensível
Pode-se pisar nela, sem que
Digam ai, e por mais que precisem de mim
Ninguém me estende a mão. Olham para mim
Como para um doente.
[*Grita de noite*] Ei
Onde vocês estão? Eu estou
Aqui, Fatzer, não
Consigo agüentar mais, não tem
Ninguém aqui para atirar em mim
Eu sou a bosta
Em mim
Alguém pode atirar
Ei.

CORO [SEGUNDA] FALA DO HOMEM DAS MASSAS

Se antigamente os espíritos vinham do passado
Agora vêm do futuro, também
Lastimosos, suplicantes, paralisantes e intangíveis
Constituídos somente da matéria de seu próprio espírito
Do seu medo antes de tudo, pois sempre o medo
Indica o que está por vir, do olho
Sai um nervo direto para o medo. Esse espírito do homem
[das massas

Me paralisa particularmente.
Seu jeito é mecânico
Só se manifesta pelo movimento.
Cada membro é substituível, até mesmo a pessoa
Descentrada
Não é o espírito que falta a ele para a plenitude
Só matéria.
Esse tempo só vai durar quatro anos
Ou quatro vezes mil.

CORO / OS TRÊS [*Enquanto Therese Kaumann, em pé, lê na frente da cama em que Fatzer está amarrado*]
E de novo, apesar de percebido por Fatzer
Talvez
Antes, quando começou, agora não mais ou pouco ainda, ao
Se repetir
Esses sempre explorados, sempre
Privados de sua própria determinação, encontram-se
Na marcha tragados por situações alheias...
Essa situação deve ser tão alucinante como montada
Já na visão antes vista, construída e
Sua aprovação mecânica,
Planejada desde o início, ensaiada!
Não aprenderam nada além da sua
Solidariedade, que
É o que os aniquila.

[1]

CORO E ele ficou três dias deitado ali. E a mulher trazia
A comida para ele e ele perguntou a ela:

FATZER Como você vive?

CORO Ela disse:

THERESE KAUMANN Mal; porque vocês ficam sentados aí dia e noite
Não posso me deitar com o meu marido.
Desde que ele voltou, não me tocou ainda.

Coro E ele pediu a ela com palavras espertas que ela o
Soltasse, ela o fez e ele a embuchou.
Daí ela correu
Para o marido e pensou
Em expulsar de sua casa
Os que a aborreciam e queixou-se de Fatzer. Eles foram
[até ele e disseram: Levante-se.

FATZER Como
Posso me levantar se estou amarrado?

CORO Você
Não está amarrado, a mulher o
Desamarrou e você a embuchou.

FATZER Eu fiz

Isso?
Então devo ser mais forte que todos vocês, apesar
De terem me amarrado com cordas.

CORO E o homem disse:

KAUMANN Agora vá embora de minha casa
Para que eu viva só com a minha mulher, porque ela o exige
E a minha casa é a casa dela.

[2]

FATZER Ele a obriga a admitir que tem sido pouco usada.
Daí ele diz que ela deveria atribuir a culpa à circunstância,
já que Kaumann estava enfraquecido pela falta de comida.
Daí ele prova a ela que as circunstâncias não são da conta
deles. Ele pergunta a ela já que ela mesma se satisfaz, se não
faz com todos, com quem imaginar, com estranhos,
os que passassem e estivessem com o chapéu torto, com
Koch também, com ele, até com os cachorros?

THERESE KAUMANN Não! Isso não é verdade!

FATZER Ela grita. Então ele pergunta
Se ela crê em Deus? Ou o teme ao menos?

THERESE KAUMANN Não mais.

FATZER Por que então ela teme, que alguém, sem

Se dar tempo para tirar as calças, se
Atire sobre ela, e saiba que ela está molhada?

THERESE KAUMANN Porque significa
Muito.

FATZER Não significa nada. Se ela então acredita que
Dois em uma ilha, sexos diferentes, mas sem
Afeição – nada além
Do que entre ele e ela – também
Sem ódio – como a gente – ou talvez até com
Ódio anos vivendo juntos ou dias, digamos
Uma noite, numa cabana – como aqui – ou até
Separados por um dia, não deitariam juntos?

THERESE KAUMANN Pode ser.

FATZER Bom.
Pois na natureza esse negócio é mesmo urgente.
O espírito humano, o berço ou coisa parecida, pode
Evitar isso – como com a gente –, assim como para a mulher, quando tem um
Homem, talvez fosse impossível.

THERESE KAUMANN Claro.

FATZER Mesmo se
Ele não estivesse aqui, apesar de que, não, isso não

seria possível
Mesmo que ele estivesse aí, mas não pudesse, porque isso
Acontece.

[*Therese Kaumann ri*]

É claro, um abraço provocado pela ocasião, pelo impulso corporal, pelo desejo de enfiar o braço na cavidade do sovaco, seria pouco significativo: mesmo que o braço estivesse só no sovaco.

[*Therese Kaumann ri de novo*]

Vejo que você está frustrada primeiro pensando por que o seu homem não liga para você, daí pensando que é por outra razão, talvez por trabalhar duro demais, depois também, que está com aspecto meio doente, um pouco mais velha que sua idade, não muito, não deve ser nada, também vejo que você luta contra você, isso é louvável, não tem nada mais vergonhoso para uma mulher do que precisar disso, só porque alguém a toca, não resistir ou desejar. Percebo que você é mais esperta, sabe que o seu homem está enfraquecido pela falta de comida e que só por isso lhe procura menos, pior seria se não a procurasse mais. Além do mais isso não tem importância; quer dizer, na natureza a gente vê que muitas vezes homens e mulheres quando não se amam por determinada razão fariam diferente, daquilo que não se fala, mas só por tolice porque é natural, eu digo abertamente: eu pego e faço, você também, é natural e passa logo, quase só para rir, acontece muito,

* Extraído de Nietzsche, *A gaia ciência*, trad. de Paulo Cesar Souza, São Paulo: Cia. das Letras, 2001.

que aquele ou aquela não dorme com nenhum homem mas em espírito trepa com todos, e por aí afora.
Como você vive?

THERESE KAUMANN Vivo mal.

FATZER Eu li isso
Num livro:
Os espíritos mais fortes e maus foram os que levaram a humanidade mais longe: eles não param de acender as paixões adormecidas – qualquer sociedade organizada adormece as paixões – eles sempre despertavam o sentido da comparação, da contradição, do desejo pelo novo, pelo ousado, não experimentado, forçavam as pessoas a colocar opinião contra opinião, ideal contra ideal. Com as armas, com a queda das fronteiras, na maioria das vezes ferindo a boa moral mas também por novas religiões e novas morais! A mesma maldade está em cada professor e pregador do novo, que difama um conquistador – ainda que se manifeste com mais sutileza, por não colocarem logo os músculos em movimento, e por isso mesmo não são tão difamados! Mas o novo sob todos os aspectos é o mal, que quer conquistar derrubar os velhos marcos das fronteiras e as velha boa moral; e só o velho é bom! As pessoas boas de todos os tempos são aquelas que enterram os velhos pensamentos nas profundezas e com eles carregam frutos, os camponeses do espírito. Mas toda terra acaba sendo explorada e o canteiro do mal tem sempre que voltar.*
Desamarra essa corda de mim.

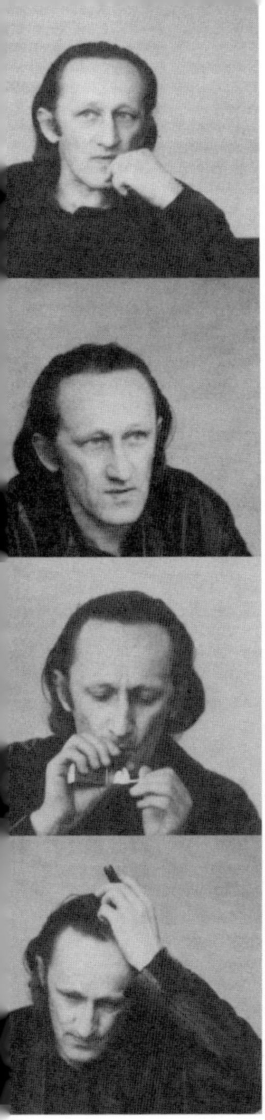

[*Therese Kaumann desamarra Fatzer; ele a seduz*]
E ele agarra seus peitos debaixo da blusa, a amável
mão rude persuade-a, cuida para que eles
Levantem e fiquem eriçados e agarra
Cuidadosamente seu traseiro e o balança
Alegremente e percebe que as
Coxas bem apertadas se abrem e a
Mão dela o puxa para si e a tão velha brincadeira
Se renova e também
O apreciado movimento.
[*Transam. Enquanto isso os outros três lêem o comentário sobre o ensinamento do amor carnal, procurando desviar a atenção do público do ato sexual*]

CORO Agem incorretamente, aqueles que apresentam ao aprendiz o sexo como sendo natural, limpo, inofensivo e compreensível. Mas têm razão aqueles que provam não ser natural, portanto sujo, perigoso e incompreensível. Todos sabem que o sexo não é natural entre todos os animais pois eles vivem a maior parte de suas vidas sem sexo. Mas não é para distanciar o aprendiz do amor que se deve apresentar-lhe o sexo como tão sujo e não – natural, mas para dizer a ele a verdade. Não para despertar nele aversão, mas para ensinar o medo. Por isso a melhor maneira de ensinar o amor sexual é aquela que os meninos fazem entre si: falam rindo e encalorados do sexo e desenham grandes símbolos sujos nas paredes das casas, os mesmos usados pelas religiões da mais sábia de todas as raças. E esse tipo de ensinamento é bom porque circula

também entre aqueles que não só podem se tocar com palavras, mas também com as mãos. Mas por que o sexo não é natural? Muitos dizem que deve ser horrível viver para gerar vida e só um grave desejo é que compele o homem a fazê-lo. Isso parece comprovar o luto depois do ato comum a todos os animais. Também as contrações da mulher durante o ato parecendo estar doente, embora essa coisa doentia produza desejo não deixa de ser doente.

KAUMANN [*grita*] Ele tem que sair.

FATZER Imaginem que uma mulher
Tenha que me soltar, como eu poderia pagar?

THERESE KAUMANN [*grita*] Eu exijo que todos
Saiam.

KAUMANN Agora sumam da minha casa
Para que eu viva só
Com a minha mulher porque
Ela exige isso e a minha casa é a casa dela.

CORO Kaumann irrompe num discurso sobre a propriedade.

KAUMANN [*para o gramofone*] Se você sempre usa a minha
Mulher, será um milagre que a
Amizade sofra
Vocês acham que isso

Não provoca dor em mim
Se eu não espancar você até tirar
O couro.

CORO Eles discutem, sentados à volta de uma mesa, anoiteceu;
um deles elabora uma tese revolucionária sobre liberdade
sexual e: se for por necessidade a gente tem de deixar.
Mas daí eles têm de ir para fora – chove. As teses são recolhidas,
aí a fome entra em discussão.

[*Chuva*]

BÜSCHING É, se não chovesse
E não tivesse geada e frio
Na manhã
Tudo andaria, como anda.

FATZER Desde que cometi o que vocês
Chamam de meu crime, minha
Cabeça está mais clara e estou
Mais forte. É como se
Aquele que em tempos difíceis se preocupa em ter descendência
Recebesse da natureza a arte
De cuidar dela. Por isso
Ofereço a vocês
O que elaborei
Para nossa situação
Meu plano

Que vai render comida para vocês por semanas
Pois trata-se de prestar
Serviço caseiro, ou seja
Prepararmo-nos para uma longa ocupação, também a mulher
Que usei há pouco, usá-la para
Atrair trabalhadores
Em parte para acostumar os habitantes dessa casa, que de agora
Em diante nós vamos habitar por um bom tempo, aos
Rostos estranhos. Vão dizer
Que vão visitar a Sra. Kaumann. Ela vai dar
Em parte para descobrir deles o quanto
As fábricas estão insatisfeitas
E para reforçar a sua insatisfação da qual
Depende muita coisa.

KAUMANN Você está dizendo isso porque
Está farto dela.

BÜSCHING [*vai até Fatzer*]
Se for por necessidade a gente tem de deixar
Mas o que nós precisamos, isso
Você tem de conseguir, Fatzer.

KOCH Nós estamos
Oprimidos demais
Vivendo debaixo do chão
Das sobras da carne, mal podendo respirar
Tão desumano, isso não pode durar.

Tudo muda, e nós
Não podemos mudar?
Sobre nós cada pedra
Está mudando e o rio
Leva a casa que nos abriga.
Porque pelas circunstâncias
O seu teto se tornou mais do que sua cama para nós. Seu leito
É mais importante do que você, porque nele
A chuva não cai, nem o olhar das pessoas
E se não podemos pagar a você pela moradia com abraços
Enfraquecidos pela fome ou porque somos muitos
Devemos, se uma refeição com carne
Ou o calor de um corpo nos forçar,
Vir até você.
Mas mais importante
Por ser mais vital
É a união e por isso
É que também não podemos
Agarrar a carne da mulher e esperar
Que ela nos asse o pão, mas
Precisamos apelar para sua razão, se fraca ou forte.

Documento Fatzer 9

PROJEÇÃO — FRACOS DEMAIS PARA NOS DEFENDER, PASSAMOS AO ATAQUE

CORO [*lê*] Epicentro do medo na peça. Enquanto a fome os atinge, o teto foge sobre suas cabeças, o melhor dos camaradas os

abandona e o Sexus os fende. Vão e vêm decisões oscilantes. Anarquia, embrutecimento. Então se constitui um tipo de soviete. A falta de união conduz o sistema ao voto da maioria. Decisão contra o direito da propriedade, pela liberdade da mulher. A favor do terror.

KOCH Fracos demais para nos defender, passamos
Ao ataque.

CORO [*lê*] Sob essa divisa Koch luta diante do crescimento do interesse despertado por eles nos outros cada vez mais desesperados por uma atividade revolucionária. Assim Koch saúda todas as dificuldades que surgem – saída de Fatzer, suspeita crescente na casa, fome, individualismo sexual, instinto de propriedade de Kaumann, e assim manipula de maneira conscientemente cínica o processo revolucionário.
Fim: a Nova Política Econômica

CORO

PROJEÇÃO – ARMAZÉM, INCÊNDIO NA LOJA DE DEPARTAMENTOS

Levante, Keuner, e ande
Pela cidade e
Examine se
Não existe nada melhor do
Que a causa de vocês, o Fatzer.
Observe todos que encontrar e
Inspecione cada um! Ouça o que dizem e

Sinta o material, de que
São feitas suas roupas e pensamentos
Se estão saciados ou famintos
Se estão na miséria mas
Prontos para suportar mais miséria para
Afastar todo a miséria.
Pois se houver só cinco
Em toda a cidade
Que estejam prontos e aptos
Para fazer a derrubada, então
Junte-se a esses imediatamente
Deixe o velho para trás e
Resolva logo o novo
A saber a derrubada absoluta.

O capítulo do sexo 2

FATZER Não sei se corto fora meu pedaço de carne
Como todo mundo faz, mas eu não posso
Devo cuidar para não me meter no
Triturador dela que
Está moendo
Palha sem grão
Só porque não devo.
Essa carne está podre e não mais
Compensa para um homem
Como eu, assumir algo que

Hoje está podre e amanhã não se sabe.
Mas eu nasci com uma queda
Por tomar tudo do mundo
Vou prestar atenção no que fazem
Porque
Existe método nisso, que eles não conhecem
Mas eu conheço eles.
Se a gente metesse a bota na cara deles
Eles não perceberiam
Eles têm a cara dura como casco de boi
Eles não mudam
Muito. São
Apenas indestrutíveis. Mas eu
Não quero ser como eles
Eu vou estudá-los. Como eles
É o futuro
Que é muito ruim.
[*Dois trabalhadores procuram a Sra. Kaumann. Um vai com ela para o cômodo, o outro aguarda na cadeira. Koch lê trechos do* Manifesto Comunista *para o que espera*]

O QUE ESPERA Vai demorar muito?

TRABALHADOR [*sai do cômodo*] Pronto.

KOCH [*enquanto o trabalhador ajeita a roupa*]
Tudo calmo na cidade.

TRABALHADOR Tudo calmo.
[*Trabalhador sai*]

FATZER Eles estão em ordem, mas eu
Estou em desordem.
De manhã, andando pelo canal
Avistei os guindastes
Trabalhando e ouvi a
Voz do trabalhador
Conversando com o guindaste.
O que vocês não entendem é a mecânica.
Koch, você não consegue
Cuidar de você e quer
Ajudar todo mundo.
O dedo com que vocês
Apontam as injustiças do mundo,
Já gangrenou: um dedo podre!
E o seu braço agonizante
Já está caindo do ombro!

KOCH Tá vendo, Fatzer, nossa situação está tão ruim que
Menos do que o mundo inteiro nada pode nos ajudar.
Portanto é preciso um plano, que para nos ajudar
Tem que ajudar o mundo inteiro.

FATZER Tudo o que acontecer
Depois de nós é como
Se não acontecesse.

Ato V

O povo em Mülheim

[1]

CORO Soldados conduzem até um muro
Vestindo capacetes de aço um homem pálido que
Está algemado.

O HOMEM Se me levarem agora até as autoridades
Saibam: eu sou um que
Esteve do seu lado.

SOLDADO Eu dedurava, se alguém estivesse do nosso lado.

HOMEM Esperem um pouco.

SOLDADO Você está com medo agora?

HOMEM É, também: mas não é por isso
Que estou falando. (Vocês sabem por que
Falo) eu só quero que vocês
Esperem um pouco: para eu falar para vocês como
Está a situação do mundo; porque isso vocês não
sabem.

SOLDADOS [*riem*]
Tá, então conta para a gente como está a situação
[do mundo!

HOMEM Eu quero fazer uma pergunta a vocês:
Vocês sabem por que estão prendendo a gente?
Os pobres estão sendo explorados.

SOLDADO Sei, e agora vamos andando.

HOMEM Espera! Mas os explorados de todos os povos
Estão começando a saber que
Devem ficar juntos e que a guerra é contra
Eles.

SOLDADO Tem um lugar em que
Algo já está sendo feito?

HOMEM Tem. Na Rússia.

SOLDADO Eles não são criminosos?

HOMEM Não, são pobres.

SOLDADO Você está querendo é que a
Gente solte você?

HOMEM Você não me entendeu?
Vocês têm que saber que
Logo mais também será o tempo de vocês.

SOLDADO Mas se é assim como você está dizendo

schwach sein ist menschlich und drum muss es aufhören

FATZER

koch

dass einmal etwas nicht im sand verläuft
was jeder nach natürlicher verlauf wir wissens
dass zwei nicht zwanzig ist und das, was einer gesagt
nicht anders gemeint war dass eine einfache sache
einfacher werde im verlauf dem menschen zum staunen
so wie ein netz wenns fischer versenken
gross zieht und weit aufs allgemeine gehend
doch wenn der fang geholt wird klein und einfach wird
so sein mit fatzer
und wo ein fluss war der sehr stank und wo
leute standen und sagten: heute
ist er wieder voll von stinkendem öl oder heute
ist er giftgrün oder jetzt wird er klarer
es soll kein besserer fluss mehr fliessen sondern
kein fluss mehr. also dass die leute kommen morgens und sehen
da ist kein fluss mehr. so
soll dieser fatzer auch kein besserer oder schlechterer fatzer
sein sondernnes soll
k e i n fatzer mehr sein
da mit auch dieser ~~[illegible]~~ ein zeichen ~~[illegible]~~/ist
errichtet in kümmerlichkeit drum statt eines steins
von riesigem umfang nur ein loch geworden
aber doch ein zeugnis dafür dass auch
in finstrerer zeit schwarz schwarz war undweiss weiss.

Augsburg 1927

wer von uns gestern unruhig schlief weil in ihm
furcht war und gestern garnicht schlief vor neuer hoffnung
weiss heut: dass unsere sache aus ist. und
zu dieser stund wo dieses siegegeläut
einläutet unseres ttodfeinds grösste zeit
vertagend seinen untergang für unbestimmte frist
von der nur gestattet t dass sie lang nach unserm tod fällt
lasst uns das aug zuwenden einem von uns
der völlig schlecht ist dennoch haben
wir unsere irdische sach zu ordnen

E se são tantos
Por que então você vai ser morto?

HOMEM Porque se não vocês é que serão mortos!

SOLDADO E você que é tão inteligente
Não vai ser morto?

HOMEM Vou.

SOLDADO Agora
Podemos ir?

HOMEM Sim, agora podemos ir.

[2]

SOLDADO Eles, lá em cima, têm um novo plano, que dizem ser tão bom que tem de dar certo. Estão querendo concentrar todas as frentes num só ponto e invadir tudo definitivamente e daí avançar. Esse plano é tão sofisticado que a gente chega a ficar admirado como é que uma cabeça humana pode imaginar uma coisa dessas.

SEGUNDO SOLDADO Mas não vai servir de nada para eles, Josef: A luta deles é em vão, porque não podem exterminar o povo com plano nenhum do mundo. Porque ele agüenta tudo, os planos mais elaborados. Tudo. Não só quando eles aleijam e amarram os filhos do povo, filhos heróicos, explodem pelos

ares, de nada adianta, eles não piam e o povo agüenta, mesmo os planos mais inteligentes, aqueles elaborados pelos generais enquanto tomam cafezinho, até esses eles agüentam. Isso porque o intestino arrebenta antes que a paciência, quando se nasce para obedecer.

PRIMEIRO SOLDADO Se você ainda gritar isso mais alto, o seu intestino vai acabar arrebentando.

SEGUNDO SOLDADO Quando a gente estava na Polônia a gente achou nas mochilas daqueles russos que trucidamos um monte de panfletos de conteúdo subversivo, impressos em alemão. Isso foi a única coisa que a gente ouviu sobre a situação do mundo. E para isso, a gente teve primeiro que fuzilar um. Não somos inteligentes.

PRIMEIRO SOLDADO Nunca fomos auto-suficientes.

SEGUNDO SOLDADO Isso é uma bobagem enorme o que você está falando! Os que são auto-suficientes são os que devem ser fuzilados primeiro. Os que seguram as rédeas da gente são auto-suficientes. Aí não tem revolução que passe onde tem gente auto-suficiente, isso é o que você não está entendendo. Essa que é a nossa força, a gente não é auto-suficiente, e aqueles entre nós que bancam os selvagens e são teimosos são os que têm de desaparecer primeiro, se a gente quiser se manter limpo, eles primeiro. Se não o mundo não vai mudar.

PRIMEIRO SOLDADO
Você só está dizendo isso agora porque não entende como eles fazem para cortar os pedaços da sua própria carne.

SEGUNDO SOLDADO Essa é a esperança, que exista gente assim, que não entende nada do que deve entender, para que reste um pântano desses.

[3]
Uma vitória dos alemães é anunciada

FATZER Batam os sinos sobre as nossas cabeças até que
[despenquem!
Conquistem mais uma vitória! Joguem suas tropas famintas
Num vigésimo país destruído!

FRÜHHAUPT Ah, cala essa boca!
Em que a derrota deles vai nos ajudar? Além de
[sobrevivermos a eles?
Sobreviveremos a eles? Atiram a gente nos inimigos feito
[granadas
Seguram a gente pelo pescoço e arremessam.

FATZER Você não vai sobreviver. Estou vendo na sua cara.
[Tem uns buracos
Na sua testa, que já vi muitas vezes
Nas pessoas que estavam afundando.

FRÜHHAUPT É para calar essa boca!
Não tem nada na minha testa, daqui há dez anos
Se ainda ganharem
Vou estar sentado e rindo deles debaixo do chão.

FATZER Ri! Ri mais uma vez! Para mim você já está enterrado.
Já está até fedendo.

FRÜHHAUPT [*levantando*] Agora vou arrancar a fuça dele!

KOCH Senta, Frühhaupt!
Ele só está querendo bater em alguém. Colegas, sejamos
[razoáveis
Vamos olhar na cara da nossa nova derrota!

FRÜHHAUPT Você dizendo "razoável"
Você com a sua razão! Estou cagando para ela! Não quero mais
Ser razoável. Não serve para nada, se eu comer a cadeira
Tá bom do mesmo jeito.

FATZER Frühhaupt, coma a cadeira! Para me agradar
Coma a cadeira! Ele está certo. O Koch
Tem de ficar assistindo isso! Faz bem para a saúde dele!
[*Joga uma cadeira para Frühhaupt*]

FRÜHHAUPT Seus escrotos! A culpa é de vocês! Vocês
São os meus inimigos. Ninguém mais. Vocês
É que estão me matando!

KOCH Frühhaupt, Frühhaupt, se acalme!
Sei bem o que é duvidar da razão, numa confusão dessas
Esse mundo, onde ora acontece isso ora aquilo, quase
Nunca o que se previu, onde ser razoável já é quase loucura,
[ou parace ser assim
Você sendo pedreiro
Sabe o que é um ângulo, mas ângulo é merda
Numa parede torta. Esse badalar dos sinos
Nos atordoa, o que a gente pensa, não importa. Perto da
Grande loucura é difícil pensar. Melhor é
A gente não pensar nada agora e remendar as calças.
Concorda?

FATZER [*Levanta de repente, empurra o material de costura da mesa, e grita*] Num país em que não existe honra
Ninguém é honrado. Você que está
Afundado na lama até o pescoço
Enquanto do alto escorre merda no seu olho
Quer reclamar de alguém que ao passar por você
Não tirou o chapéu? Rejeitado desde o ventre materno
Combatido pelo pai no ventre materno
Mas amparado à custa do Estado dos
Seus açougueiros
Não temos nada com eles, a não ser
Cortar pescoços.

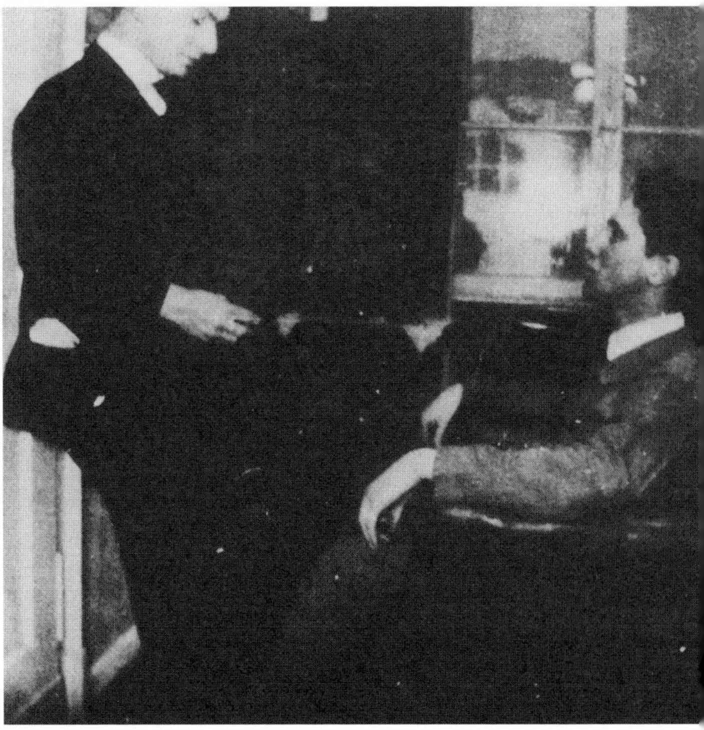

Documento Fatzer 10

PROJEÇÃO — BRECHT

CORO Destruição do quarto
Do tempo
Tudo, já que não se pode
Destruir simplesmente
Por experimento – sem realidade
Para auto-entendimento
Tudo, o que é pensado hoje, só
É para fazer parecer bom o que se
Faz! Tudo o que se faz hoje é falso, então tudo que
Se pensa hoje
É falso
A finalidade de um trabalho não é idêntica àquela
Finalidade para a qual ele é aproveitado
O conhecimento pode ser usado em um outro
Lugar, diferente daquele em que foi encontrado.

Ato VI

Fatzer rouba carne e mata / A carteira de Nova York

FATZER [*com a carne embrulhada no jornal*] Carne.

KAUMANN Como esse sangue foi parar
Na sua manga, Fatzer?

FATZER Vocês querem comer carne
E não agüentam ver sangue.
Isso é uma folha de jornal!
Aqui está escrito que nós
Construímos muitas cidades
Sobre
O oceano Atlântico, vinte
Andares de altura. De puro
Cimento e ferro! Tem
Uma fotografia, eu conheço essas
Casas, eu imaginei elas assim.
Olha a foto aqui.
Uma nova
Cidade chamada Nova York
Foi a nossa estirpe
Que fez isso, ou uma
Parecida com ela.

KOCH De que adiantou? Agora
A gente corre feito ratazana nesse

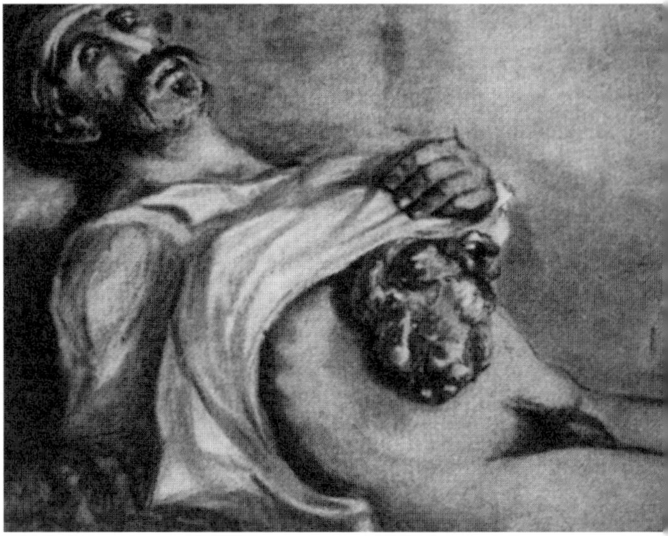

Buraco. Eles ainda vão arrancar a gente
Daqui. A gente não pode
Contra todos.

BÜSCHING Não desse jeito.

KAUMANN Você
Esteve no abate, Fatzer?

FATZER [*ri*] Pode ser: de um açougueiro.
O amanhecer
É muito bonito e o ser humano
Tem um coração e
É arriscado ter um.
É claro que novo
É melhor que velho.
O que acabou naturalmente
Não é melhor do que
Aquilo que virá.
E não é
Tão diferente o
Ar da batalha carregado de fogo e fumaça
De um dia de verão
Nem este Fatzer daquele
Portanto as situações são
As mães dos homens.
Também existem outras coisas, outros caminhos
Mas eu

Não recomendo trilhá-los.
O homem nunca pode
Ser julgado pelos homens
Como se passasse por um
Estômago monstruoso
Que derrete cada osso e pele
Com seu suco gástrico
De modo que você não reconhece na merda
Se era peixe ou maçã
Assim a vida humana resulta num caldo escuro
Consumido diante dos olhos do mundo
O que o homem agarrou, para calar
A boca gulosa
No ar ou na água
Não
Por ter voado, o pássaro,
Nem por ter nadado na água salgada
O peixe
Sumiu para satisfazer a carne.
É tudo a mesma coisa
Pois estou me sentindo mal, acreditem
Estou me sentindo mal.
Não posso mais fazer
O que é bom para mim e seguir o meu destino
E aquilo que não importa
Para vocês: que a chuva
Caia de cima para baixo
Para mim

É insuportável. Que no
Alfabeto
O B venha depois do A e nada
Mais. Para vocês está bom
Mas para mim é muito ruim.
Fatzer, você tem
De fazer uma conta
Com toda sabedoria e experiência
De sua idade, que
Não bate.

[*Caminha com uma corda*]

BÜSCHING Outro dia, quando a gente
Estava andando na ponte de ferro
Ao anoitecer às sete horas e
Por não saber
O que fazer, ficamos parados
Olhando a água
A gente olhou, Kaumann e eu,
Para o lado claro
Enquanto ele
Olhava para o escuro
E falava sombrio
Dos tempos que virão.

KOCH A vontade dele só dá ainda
Para o crime.

[*De repente*]
Tem um entre nós
Que come e não faz nada.
A gente ainda não o conhece
Mas haverá um tempo em que
Todos deveremos conhecê-lo.
Porque ninguém sabe
Se a gente ainda estará nesse mundo
Amanhã! Por isso queremos
Testá-lo
E
Por isso eu pergunto a vocês: vocês
Estão preparados para arriscar o que
Temos, para ver
Qual é a dele?

BÜSCHING Mas o que é que a gente tem.
Você é do tipo que fica
Batendo com a cabeça na parede.
O homem não é como
Uma pedra que não amolece nunca.
Estou avisando, Koch!

KOCH E você é do tipo que
Precisa ser torturado porque
Agüenta tudo! Não façam
Comigo, vocês, isso de
Falar coisas que não significam nada.

A verdade é que eu não
Consegui mais dormir desde que
Um de nós sumiu.
Ele disse: eu venho
Isso pode custar o pescoço dele.

BÜSCHING Mas tudo é como era antes
Koch, quando você terminar de comer
Vai cagar e de noite
Dormir, lá pelas onze no mais tardar.
O que é que você tem.

KOCH Você não entende disso. Mas eu
Vou falar: isso é uma batalha,
E nós estamos nela e ela está longe
De acabar!

BÜSCHING Quando você teve aquela
Febre ele não disse nada e
Carregou você até o trem.

KOCH Mas por quê?

BÜSCHING Talvez ele só faça o que
Tem vontade.

KOCH Então a gente tem de arrancar
Essa lepra.

BÜSCHING Você é muito
Rápido, Koch!

KOCH Por isso, por saber
Que sou o mais lento. E
Por isso eu quero que a gente
Dê uma oportunidade a ele.
Que ele nos mostre: tudo é
Como nos nossos bons tempos e ele é
Como antes. É como quando se põe uma moeda
Na mão do morto ou uma oferenda
Sobre a cova.
Vamos entregar nossos passaportes a ele
E o dinheiro que ainda nos
Resta, daí ele vai ver
Que a gente ainda tem confiança nele
E não vai nos decepcionar. Isso
A gente deve a ele.

BÜSCHING Não concordo
Não significa nada para ele.

KOCH Você não conhece o plano dele
Eu conheço.

KAUMANN Se ele for um traidor
Vai se foder.

KOCH Passem suas coisas para cá!

[*Eles puxam a sacola de dinheiro pendurada ao peito*]

Fatzer!

Onde você está?

FATZER [*na corda, os três a cortam*] Esse desejo doentio de vocês

De ser como rodas

Eu não quero.

São pessoas que querem

Que todos sejam iguais, mas não podem

Viver sozinhos.

KOCH Não sabemos o que vai

Ser da gente, porque não temos mais nada

Para comer depois

Dessa carne e nessa cidade

Nada se move a não ser

Contra nós. Então

A gente esvaziou nossa

Carteira e

Você deve guardar porque

Um é mais seguro do que quatro

E você sempre foi mais

Seguro.

FATZER Koch, você

É um safado, eu

Conheço você.

KOCH Quer dizer então que você não quer guardar?

FATZER Pense melhor, lhe dou
Um minuto.

BÜSCHING O que é isso, Fatzer?

KAUMANN Pegue o que a gente está lhe dando.
A gente tem confiança.

FATZER [*pega*]
Então passem para cá o que vocês têm!
[*Ri*]

KOCH De tudo o que ele fez para a gente nada
Me deixou mais irado do que
Quando, diante dos nossos olhos, que não viam nada,
Num minuto tirou do ar um plano
Que pôs fim à nossa fome por meio
Ano.

[*Fatzer na rua, ainda rindo, joga fora os passaportes e o dinheiro dos três*]

Documento Fatzer 11

PROJEÇÃO — VAMOS PARAR / VAMOS PARAR A GUERRA / CONEXÃO COM O AMANHÃ / O QUE ESTÁ AQUI É O QUE SOBROU

CORO [*lê*] A odisséia deles começa com o equívoco provocado pelo individualista Fatzer, o de achar que poderiam, sozinhos, abortar a guerra. O fato de terem de se separar da massa para viver faz que percam a vida de antemão. Não retornam à massa nunca mais. Por isso as seguidas tentativas e decisões de retomada. Conscientizações desse tipo adotam o caráter de literatura. Eles citam as "passagens" e depois operam as mudanças. A frase que eles escrevem no tanque: VAMOS PARAR, é agora (figura de linguagem!) escrita por Koch e corrigida para VAMOS PARAR A GUERRA, na parede do quarto. O trágico da parte final é dialético, na medida em que a perniciosidade de Fatzer, como tipo, torna-se visível a ponto de envolver todos os outros (três) no particular – ao seduzi-los para aniquilá-lo ele os aniquila – certo seria nunca perder a CONEXÃO COM O AMANHÃ, para esquecer, o que se quer, ver todo o resto como obstáculo, nada além de superar, o que então torna-se o objetivo, correto para eles, fugir e ignorar qualquer consideração por esse sujeito chamado Fatzer. Eles sucumbem por isso, por serem solidários a quem não o é. Para eles é óbvio: ou se safam todos ou ninguém. Eles querem levá-lo com eles até o fim, não importa se ele quer ou não. Fatzer crê na fúria cega do acaso. O QUE ESTÁ AQUI É O QUE SOBROU, caos. É Koch quem reconhece a necessidade da guerra e quem toma a decisão de executá-lo.

Ato VII

A última desapropriação: o capítulo da morte 1
Fatzer e a menina

MENINA O diabo é que sabe por que
Ponho você para dentro
E gosto que você
Engula a minha sopa
E me trate na cama como alguém
Que fuma ao mesmo tempo
Aposto que gente como você deve ter sido a
Visão derradeira de muitas

FATZER Tem uns que ficam colados em mim feito
Merda no cachorro. O que faz eles grudarem em mim
Não sei
Se eles aparecerem
Diga que não estou.

MENINA Tá com medo deles, neném?

FATZER Nem um pouco, deixa a porta fechada.

MENINA [*abre a porta*] Tá ouvindo os tiros!
E o alarme. Olha o que está acontecendo!

FATZER [*levanta*] Abre! Tiros?
Não falei?

Somos nós que atiramos
Eles já estão aí e eu
Vou me apresentar!

SRA. KAUMANN [*fora*] Aqui mora um homem chamado Fatzer?
Então entregue essa carta a ele!

FATZER Dê aqui! Marie!
Diga a eles que agora
Está tudo certo. Nos
Veremos em breve, eles devem
Ir embora!

MENINA Ela ouviu e já
Foi.

FATZER [*lê*] Querido amigo
Onde você está?
Precisamos de você, por isso
Volte para
Conversar sobre o que
Acontece com e entre nós, para que não restem dúvidas!
Seus amigos.

MENINA É daqueles que
Colam em você feito merda no cachorro?
E você se levanta na mesma hora?

FATZER É, levanto.

MENINA Tá parecendo que a merda
Assobia e o cachorro vem!

FATZER [*bate nela*] Tome isso, por
Ter falado, quando
O assunto é entre homens
E agora: pegue a sua mala
E ponha a
Roupa nela, como se fosse se mudar
Porque nós vamos
Para uma casa velha e vamos morar lá
Quase que uma eternidade!

MENINA [*arruma a mala*] O que eu vou fazer lá?

FATZER O que é grande, nem sempre
É grande, às vezes pode
Ser diferente, ainda que nunca pequeno.
Eu falo abertamente: eu não
Gosto de ficar sozinho. Por isso vou até lá, onde
Esperam por mim
Mas também não gosto de ir sozinho
Por isso, você vai
Comigo até lá. Venha!
Não acho que queiram me fazer mal
Não teria lógica, porque de que adiantaria para eles

Onde, neste monte de bosta
Existe alguém que faça o que não lhe convenha
Eles precisam de mim, aposto nisso, além disso
Sempre posso afrouxar a corda
Em que mantenho eles

Documento Fatzer 12

PROJEÇÃO — VALE DO CARVÃO

CORO Vale do carvão Fatzer
Grave na memória a região:
Esse quadrilátero sombrio entre guindastes e fundições de ferro
Por onde esse Johann Fatzer
Perambulou durante seus últimos dias
Detendo a roda.

A última desapropriação: o capítulo da morte 2

KOCH [*ensangüentado e enrolado num jornal*]
A fraqueza é humana e por isso precisa acabar.
Que dessa vez não se perca na areia
O curso natural das coisas. Sabemos
Que dois não são vinte e que, tudo o que um disse,
Não significava outra coisa que não uma coisa simples
Ficaria mais simples ainda na seqüência para o espanto
[dos homens

Como uma rede, lançada pelos pescadores
O lance é amplo e em direção a tudo
Mas quando a pesca é recolhida, é simples e pequena
Que assim seja com Fatzer.
E onde havia um rio, que fedia muito e onde
As pessoas ficavam e falavam: hoje
Ele está de novo cheio de óleo fedorento ou hoje
Ele está verde como veneno ou agora ele está ficando
[mais claro
Nesse lugar não deve existir um rio melhor, mas sim
Não deve existir rio algum. Assim
Esse Fatzer não deve ser melhor ou pior
Ele deve
Não mais ser Fatzer
Para que também sirva de sinal
Erguido na aflição, assim no lugar de uma pedra
De enorme diâmetro, só um buraco
No entanto testemunha de que mesmo em
Tempos escuros o preto era preto e o branco, branco.
Quem de nós ontem dormia inquieto, por
Sentir medo, e nem dormia por ter nova esperança
Sabe hoje: que nossa causa se encerrou. E
Nessa hora, em que o toque da vitória
Anuncia o apogeu do nosso inimigo mortal
Adiando seu declínio para um período indeterminado
Só se sabe que acontecerá muito tempo depois da nossa morte
Nesse momento em que perdemos a esperança e que portanto
Não sairemos mais do chão

Permitam que ordenemos nossa
Causa perdida
De modo a ficar
Totalmente clara, ordenada e acabada
Concluída
Pois nossa causa deve
Ser organizada com precisão, não como a daqueles
Que estão no alto e que falam de barriga cheia, pois
Ela passará por muitas instâncias
Não iremos mais ver
O dia mas
Estaremos equipados até os
Os rins, vestindo o uniforme completo
Quando nos atingirem, antes de nos
Encontrarem. Para isso
Eu engulo catarro
E não durmo.
É fácil dizer: isso tudo não
É serio, sem carne, pode morrer
Da própria fraqueza – mas
Vocês não devem dizer nada
Devem levar a sério. Não sejam altivos, irmãos,
Mas humildes e matem
Não altivamente mas: desumanamente!
Não façam duas coisas, mas
Uma só. Não viver e matar, mas
Só matar.
Um é um

Preto é preto
E alto, não é baixo.
Não se come tão quente quanto se cozinha
Por isso dessa vez vamos só por brincadeira
Comer tão quente quanto se cozinhou.
A metade dessa humanidade vive
Unicamente da memória esburacada da outra metade
Todas essas noites não durmo mais de medo de que pudesse
Alguma coisa se perder na areia e ser esquecida
Porque alguém faz tudo para
Que justamente isso se perca na areia e
Seja esquecido.
Por precisarmos dele, pensa que
É mais
Por não podermos viver sem ele, pensa
Que viverá eternamente.

BÜSCHING Então vamos acabar com ele, para que
Sirva de aviso para os que vêm depois de nós?

KOCH Depois de nós não vem nada. Mas
Enquanto estivermos aqui, tudo
Vai dar certo.
Não serve para nada
Que eu acabe com ele, por ter nojo dele
E eu quero vê-lo pisoteado
E lá, no lugar da cara,
A sujeira da minha bota.

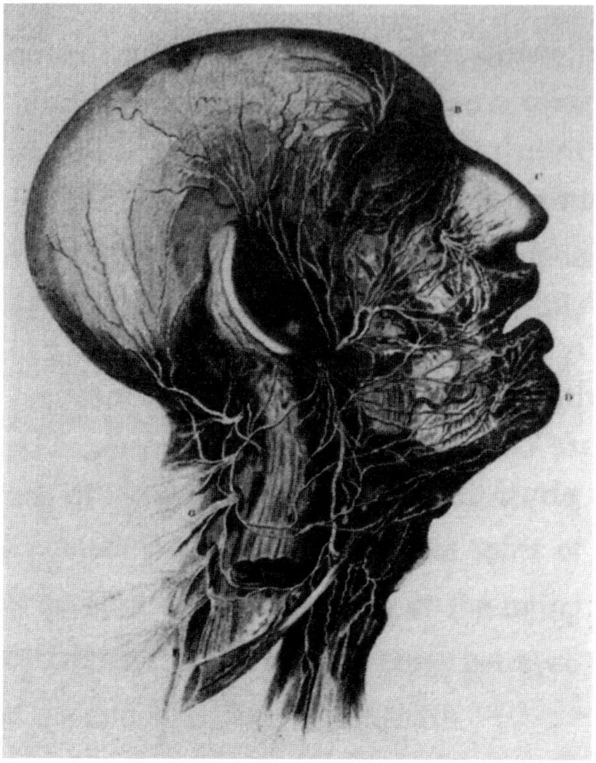
B
C
D
G

BÜSCHING Por que você está gritando desse jeito?
Porque você é amigo dele.

KOCH Eu sei disso.
Você, Büsching,
Pode contar comigo, mas ele
É melhor que você e ele
Deve morrer.

[*Kaumann escreve na parede: um morto – 85 quilos de carne morta, quatro baldes de água, um pacote de sal*]

FATZER [*entra*] Estou aqui
Vim por vontade própria, sem pressão

BÜSHING Sente-se, Fatzer.

KOCH Primeiro isso: atrás de nós
Estão os que vão nos matar.
Era inevitável
Que nos encontrassem.

BÜSCHING Inevitável. E inevitável
É o que vem agora.

FATZER: Ainda assim eu vim e
Falo francamente:
Tenho raiva. Mas eu queria vir aqui

Estar com vocês nessa hora
E agora ainda
Não quero que vocês vão embora
E confesso a vocês: eu não
Fui embora. Pensem: simplesmente estou
Acostumado
A vocês, também
Parece ser inevitável.
Depois de tudo
Acho também que
Não deveria ter acontecido comigo, é
Nosso azar.
O que aconteceu por minha causa:
Não me agrada.

BÜSCHING Sua sugestão?

FATZER Ir embora.
O que sempre foi feito:
Ir embora juntos.

BÜSCHING Fatzer, não podemos
Aceitar a sua sugestão.

FATZER Não podem?
Se ainda fosse possível
Se ao menos uma vez alguma coisa fosse
Esclarecida, de vez

Que alguns enxergassem em plena
Luz, e, o que aconteceu também
Depõe contra isso, deixaram abertas
As contas, reconhecessem
O que é, e fossem embora!
Isso seria algo novo.

BÜSCHING Então agora não vem mais nada de
Novo, o que não é novo.
Que alguma coisa seja acertada,
Como que iluminada por um só golpe, nada
Seja reconhecido e não se vá embora
Mas continue-se a agir
Como se agia. Por isso,
Fatzer, você tem de mudar
Agora, nesse momento e
Nesse lugar e fazer uma só vez
O que nós mandamos, por um motivo simples
Somos maioria, sejam
Dois ou três. Você quer
Fazer isso?

FATZER Isso que está escrito na parede?
Eu sei o que seria
Seria algo com uma corda
Que transforma um homem vivo
Em 85 quilos de carne fria
Isso eu não vou fazer.

2731

BÜSCHING É, você tem
De mudar, até porque
Você nem
Está mais aqui.

FATZER Animais! Querem
Acabar comigo! Mas eu
Estou me lixando!
[*Ele vai até a janela*]
Venham! Eles estão aqui!

KOCH Peguem-no!

FATZER Traiçoeiros de merda!
Escrotos, cachorros sarnentos!
Vocês são dois e eu
Um só!
[*É amarrado na cama*]

KOCH Bote o traste na janela,
Kaumann, você atira
Quando eles vierem
E a gente estiver no fim!
Fatzer, seu fim está aí.
Não olhe para a direita nem
Para a esquerda, não tem mais
Salvação. Você foi um bom
Homem, onde quer que estivesse

FATZER
KOCH

Agora você se foi
Porque você ficou doente
E mau.
Por isso você deve ser executado
Conforme a decisão
De dois homens e um
Morto agora!
Diga que você
Está de acordo.

FATZER Eu não quero!
Me solte, Büsching!
E não me importa
Mostrar medo, eu
Não quero morrer
Nem agora
Nem nunca.
Eu sou o Fatzer.

BÜSCHING Desejar
É bom, isso constrói do nada
Casas, que são montanhas de minério
E num dia canais
Que são construídos em 30 anos
Previstos para cinco gerações
Mas também o que você quer, lá
Onde não há vontade, tem
Que ter canais e casas.

Se você teve um bom dia,
Você deseja, mas mesmo num dia ruim
Você quer comer.
O que você faz por ter vontade,
Para nós não tem valor, Fatzer.
Fale de uma vez.

FATZER Büshing! O que você está dizendo?
Nossos matadores
Já estão vindo todos
Para cima da gente. A gente
Não estava junto na mesma cova
Três anos, então.

BÜSCHING Estava.
E daí?
[*à janela*]
Estamos aqui, mas
Esperem um pouco
Se não vamos atirar
Até que a gente resolva uma questão
Que precisa ser resolvida.

KOCH [*se arrasta até a janela, grita para fora*] Não vamos deixar nem o último cão sarnento
Sentar
Nesse merda de banco dos réus
Desse Estado de merda de vocês

Uma merda!
[*Morre, atiram*]

FATZER Não sei quem vai vencer
Essa luta
Seja lá quem for – Fatzer está
Perdido.
Quando vocês duvidaram de mim
Foi a minha perdição.
E de agora em diante e por muito tempo
Não haverá mais vencedor
No mundo de vocês, mas só
Vencidos.

BÜSCHING Então atira, Kaumann

[*Kaumann atira. O quarto é destruído por uma explosão. Imagem final dos mortos no quarto destruído. O comentário Fatzer: Fatzer, venha*]

Documento Fatzer 13

PROJEÇÃO — HOMENS DO ESTADO

CORO

FATZER, VENHA

[1]
Abandone o posto.
As vitórias foram conquistadas. As derrotas foram
Conquistadas:
Abandone o posto agora.

Volte a mergulhar nas profundezas, vencedor.
O júbilo penetra ali onde havia luta.
Não esteja mais lá.
Espere os gritos da derrota, onde são mais fortes:
No fundo.
Abandone o velho posto.

Recolha a voz, orador.
Seu nome será apagado dos quadros. Suas ordens
Não serão cumpridas. Permita
Que novos nomes apareçam nos quadros e
Novas ordens sejam seguidas.

(Você que não mais ordena

Não incite a desobediência!)
Abandone o velho posto.

Você não bastou
Você não está pronto
Agora que tem a experiência e se basta
Agora você pode começar:
Abandone o posto.

Você que dominou ofícios
Aqueça o fogão
Você que não tinha tempo para comer
Prepare a sopa.
Você de quem muito se escreveu
Estude o ABC.
Comece já:
Assuma o novo posto.

O derrotado não escapa
À sabedoria
Segure firme e afunde! Tenha medo! Afunde sim!
No chão
Aguarda o ensinamento.
Questionado demais
Participe do imprevisível
Ensinamento da massa:
Assuma o novo posto.

pour Heiner

[2]

A mesa está pronta, marceneiro.
Permita que a levemos.
Não continue aplainando
Pare de pintá-la
Não fale dela bem ou mal:
Assim como está, a levaremos.
Precisamos dela.
Entregue a mesa.

Você está pronto, homem de Estado
O Estado não está pronto
Deixe que o transformemos
Conforme as necessidades de nossas vidas.
Permita que sejamos homens de Estado, homem de Estado.
Nas suas leis seu nome está escrito.
Esqueça o nome
Respeite as suas leis, legislador.
Tolere a ordem, líder
O Estado não precisa mais de você.
Entregue-o.

CAPA Vadim Sidur, *Auto-retrato*, 1982. VERSO DA CAPA Gilles Aillaud, *Hiena*, s.d.. P.6 Brecht lendo a "Hausapostile", 1926. P.10 Gilles Aillaud, desenho de *Heiner Müller*, 1988. P.14 Foto Ernst Schumacher, Heiner Müller, 1987. P.18 Foto Hélène Göhring, cena *Fatzer*, 1998, direção Claudia Bosse, Genebra–Suíça. P.20 Emil Nolde, *Porto de Hamburgo*, 1910, água-forte, Von der Heydt Museum, Wuppertal–Alemanha. P.22 Foto Márcio Lima, cena *Material Fatzer*, 2001, direção Márcio Meirelles, Teatro Vila Velha, Salvador–BA. P.26 Foto Cemitério na Alemanha, c. 1944 (acervo particular). P.28 Foto Von der Ropp, Tanque inglês, 1917. P.30 Fritz Marquardt, s.t., 1961, desenho a carvão. P.32 Mark Lammert/Heiner Müller, *Duelo Fatzer-Trator*, 1993, Heiner Müller-Archiv. P.36 Trincheiras de proteção e treinamento, c. 1914, Berlim–Alemanha. P.38 Esboço de Brecht para *Fatzer*, Brecht-Archiv, Berlim–Alemanha. P.40 Postal alemão, 1935 (acervo particular). P.42 Foto de soldados alemães na Segunda Guerra Mundial (acervo particular). P.44 Foto Roger Melis, H. Müller grafita o muro de Berlim, 1990. P.46 Käthe Kollwitz, *Memento mori para Karl Liebknecht*, 1920, The British Museum, Londres-Inglaterra. P.48 Foto Heinrich Hoffmann, 1933. P.50 Foto de soldados alemães na Segunda Guerra Mundial (acervo particular). P.52 Cena *Fatzer*, s.d., direção Philippe Clivenot, Theatre Gennevilliers, Genebra-Suíça. P.54 Ilustração autor desconhecido. P.56 Bertolt Brecht, capa catálogo comemorativo da Suhrkamp. P.60 Foto de soldados alemães, c. 1940 (acervo particular). P.62 Foto Hélène Göhring, cena *Fatzer*, 1998, direção Claudia Bosse, Genebra–Suíça. P.64 Franz Marc, *A vaca amarela*, 1911, Guggenheim, NY–EUA. P.66 Foto de soldados do exército alemão, c.1941 (acervo particular). P.68 Ernst Ludwig Kirchner, *Auto-retrato com chapéu de pastor*, 1919, Von der Heydt-Museum, Wuppertal – Alemanha. P.70 Ernst Ludwig Kirchner, *Auto-retrato como soldado*, 1915, Allen Memorial Art Museum, Ohio –EUA. P.72 Foto Ulrike Pichler, *Material Fatzer*, 1985, Viena–Áustria. P.76 Foto Heinrich Hoffmann, Estátua de Stalin, 1933. P.80 Foto Hilmar Pabel, 1945, Berlim-Alemanha. P.82 Ilustração de Wilhelm Busch, do título *Juca e Chico*. P.84 Paul Klee, *Funâmbulo*, 1923, litografia com placa de argila vermelha, Von der Heydt-Museum, Wuppertal–Alemanha. P.86 Ilustração de Wilhelm Busch do título *Juca e Chico*. P.90 Trabalhadores soviéticos carregando modelos de residências planejadas, 1930. P.92 Emil Nolde, *Nu frontal*, 1908, água-forte, Von der Heydt Museum, Wuppertal–Alemanha. P.96 Foto Márcio Lima, cena *Material Fatzer*, 2001, direção Márcio Meirelles, Teatro Vila Velha, Salvador–BA. P.100 Conrad Felixmüller, *Vista noturna de alto-forno*, 1927, Von der Heydt-Museum, Wuppertal–Alemanha. P.102 Foto publicitária de Aleksei Stakhanov liderando grupo de "Skathanovites", c. 1934. P.104 Karl Schmidt-Rottluff, *Mulher de cabelo solto*, 1913, Von der Heydt-Museum, Wuppertal–Alemanha. P.106 Rudi Feld, *O perigo do bolchevismo*, 1919, Robert Gore Rifkin, Califórnia–EUA. P.108 Vadim Sidur, *Auto-retrato*, 1982. P.112 Cena *Fatzer*, 1976, Schaubühne am Helleschen Ufer, direção F.P. Steckel, dramaturgia Wolfgang Storch, Alemanha. P.114 Foto Artur Grimm, Juventude nazista na colônia de férias, 1934. P.116 Foto de soldados alemães na Segunda Guerra Mundial (acervo particular). P.120 *El Lissitzky*, 1929, cartaz para exposição russa em Frankfurt–Alemanha. P.122 Cena *Fatzer*, 1976, direção F.P. Steckel, Schaubühne am Helleschen Ufer, dramaturgia Wolfgang Storch, Alemanha. P.124 Ilustração autor desconhecido, s.d. P.128 Capa para o programa da montagem de *Fatzer*, 1976, editado por Wolfgang Storch. P.130 Manuscrito do fragmento *Fatzer*, Brecht-Archiv, Berlim–Alemanha. P.132 Foto Clemens Scharre, cena *Fatzer*, 1999/2000, direção Claudia Bosse, Josef Szeiler

Viena–Áustria. P.134 Foto Márcio Lima, cena *Material Fatzer*, 2001, direção Márcio Meirelles, Teatro Vila Velha, Salvador–BA. P.136 Emil Nolde, *Flerte*, 1917, xilogravura, Von der Heydt-Museum, Wuppertal–Alemanha. P.138 Auto-retrato de Sergei Eisenstein no México, 1931. P.140 Foto do cérebro de Sonia Kovaleskaia, matemático russo, 1840–1901. P.142 Cena *Fatzer*, 1976, Schaubühne am Helleschen Ufer, direção F.P. Steckel, dramaturgia Wolfgang Storch, Alemanha. P.144 Foto Abisag Tüllmann, s.d.. P.148 Foto anônima, maio 1945, Berlim–Alemanha. P.150 Foto Thomas Seufert, cena *Duelo Fatzer-Trator*, 1993, Berliner Ensamble, Berlim–Alemanha. P.152 Exercícios de treinamento da juventude nazista, 1943. P.154 Cena *Fatzer*, 1976, Schaubühne am Helleschen Ufer, direção F.P. Steckel, dramaturgia Wolfgang Storch, Alemanha. P.156 Karl Schmidt-Rottluff, *Nu*, 1909, xilogravura, Von der Heydt-Museum, Wuppertal–Alemanha. P.158 Karl Schmidt-Rottluff, *Casal de namorados*, 1913, xilogravura, Von der Heydt-Museum, Wuppertal–Alemanha. P.162 Karl Hofer, *Discípulos dormentes*, 1919, óleo sobre tela, Barmer Kunstverein, Von der Heydt-Museum, Wuppertal–Alemanha. P.164 Foto A guarda vermelha, 1919, Munique–Alemanha. P.166 Heiner Müller, 1970, Heiner Müller-Archiv. P.170 Otto Mueller, *Auto-retrato com pentagrama*, 1922, óleo sobre aniagem, Von der Heydt-Museum, Wuppertal–Alemanha. P.172 Foto *Bunker* alemão, Segunda Guerra Mundial (acervo particular). P.174 Foto de soldados alemães na Segunda Guerra Mundial (acervo particular). P.178 Foto Clemens Scharre, cena *Fatzer*, 1999/2000, direção Claudia Bosse, Josef Szeiler Viena–Áustria. P.180 Georg Grosz, *Suicídio*, 1916, óleo sobre tela, Tate Gallery, Londres–Inglaterra. P.182 Karl Hofer, *Porto Ponte do Diabo*, 1911, Von der Heydt-Museum, Wuppertal–Alemanha. P.184 Suposto assassino participante da matança de reféns em Munique sendo levado para execução, maio 1919, Munique–Alemanha. P.188 Página do arquivo 109 dos originais de *Fatzer*, Brecht-Archiv. P.190 Foto Friedrich Seidenstücker, Vista do Zoológico, 1946, Berlim–Alemanha. P.192 Foto Ulrike Pichler, cena *Material Fatzer*, 1985, Viena–Áustria. P.198 Georg Planzelt e Brecht, s.d.. P.200 Foto Thomas Seufert, cena *Duelo Fatzer-Trator*, 1993, Berliner Ensamble, Berlim–Alemanha. P.202 Sir Charles Bell, *Soldado francês ferido depois da batalha de Waterloo*, s.d.. P.204 Foto de soldados alemães na Primeira Guerra Mundial. P.206 Foto Friedrich Seidenstücker, Vista do Zoológico, 1946, Berlim–Alemanha. P.210 Foto Clemens Scharre, cena *Fatzer*, 1999/2000, direção Claudia Bosse, Josef Szeiler, Viena-Áustria. P.212 Emil Heckel, *Efígie masculina*, 1919, xilogravura, Von der Heydt-Museum, Wuppertal–Alemanha. P.218 Foto, local e fotógrafo desconhecidos, s.d.. P.222 Cena *Fatzer*, 1976, Schaubühne am Helleschen Ufer, direção F.P. Steckel, dramaturgia Wolfgang Storch, Alemanha. P.226 Marianne Werfkin, *Fundição de Obersdorf*, 1912, Von der Heydt-Museum, Wuppertal–Alemanha. P.228 Erich Heckel, *Canal curvo*, 1915, xilogravura, KMV, Alemanha. P.230 Livre corporação *Werdenfels*, 1919, Munique–Alemanha. P.232 Foto Hélène Göhring, cena *Fatzer*, 1998, direção Claudia Bosse, Genebra–Suíça. P.234 Sir Charles Bell, *O quinto nervo*, 1821. P.238 Foto *Bunker* em Friedrichsbain, 1945, Central de imagens Donath. P.240 Foto Thomas Seufert, cena *Duelo Fatzer-Trator*, 1993, Berliner Ensamble, Berlim–Alemanha. P.242 Foto Márcio Lima, cena *Material Fatzer*, 2001, direção Márcio Meirelles, Teatro Vila Velha, Salvador–BA. P.244 Foto Margaret Burke-White, Um destorroador americano, 1930. P.246 Fritz Marquadt, *Carvão e pastel*, 1961. P.248 Foto de soldados alemães na Segunda Guerra Mundial (acervo particular). P.252 Gilles Aillaud, *Hiena*, s.d..

TIPOLOGIA Walbaum 13/17.5 FILMES Y&M PAPEL Pólen print 120 gr/m² Companhia Suzano de papel e celulose IMPRESSÃO Donnelley Cochrane TIRAGEM 2.000